我們都是星族人 0

王謹菱 著

眾生

各位星族人／非人：

倘若你曾經迷失過一剎那，
我們在這裡再次擁抱你，
回來！這星族家庭。
請展示自己並接受屬於你的權利。

——多瑪宇宙

Kata pareng mul warasakosuora

目錄

自序

剛要下筆的時候，有聲音不斷地提醒並督促我要把所見、所經歷、所感的用語言表達出來。這書，與其說是我寫，不如說我只是導體，在我的背後有一股更強大的力量在指導著我。

有人說這本書很冷門，讀者不一定看得懂或願意接受那些內容，我說這正正是要寫這本書的原因，因為只要有機會讓更多人關心地球、關心自己的歷史，讓那些我們過往牢牢抓住的名相和概念得到多一點的衝擊——這本書的目的已經達到。

我希望大家能用平常心去看，然後讓書內的能量帶領你邊走邊讀，靜靜地把自己放空一下就很好了。

我感謝每一位從我寫作到出版過程中幫助過我的朋友，沒有你們的幫忙和默默的支持，我根本沒法完成。謝謝區惠蓮替我編輯，不停來來回回地替我修改和建議。感謝 Fanny Yip、Lydia Lam、Caroline Surawati Tjhin、Sara Levi、歐陽錦超，沒有你們這本書是不會出現的。

王謹菱

二〇一八年六月十八日

一切皆存於心內。
沒有能超越你的心的。
宇宙中的一切，由始到終，從山脈到流星，都只是你心中的一點。
你也在這內，一切從來如此。這是知識的終結：
沒有創造，沒有保存，也沒有毀滅。
它本來如是，並將繼續如此，它比創造者還要早，
而創造者也是從這心的真髓中誕生。

——*SRI H.W.L Poonja, The Truth Is*，57頁

星語圖下載：

《我們都是星族人0》在每個章節之前都有一幅彩色星語圖，這幅圖有著這個章節的能量，並以圖案、數字和顏色讓感覺釋出。讀者可以掃描 QRcode 下載這些彩色星語圖。你們可以用這些星語圖來作靜心，或閉上眼睛感受書中的圖案和能量，嘗試以另一種方式閱讀，讓我們帶你在閱讀本書時遊走於不同維度的能量層，享受這個星族旅程。

謝謝各位對這本書的支持，請掃描 QRcode 開始星族之旅！

1

沙斯塔山的夜空

……很多個世紀以來，土著部落、薩滿、靈性大師、聖人、神秘主義者，尋找真理者都奉沙斯塔山（Mt Shasta）為朝聖地圖必到之處。常常有人說在山的附近看到UFO、飛碟，拍照的時候有光球，有些更敏感的人說聽到地底下有聲音。

仲夏夜的沙斯塔山仍有一片涼意，旅館的陽台很寬敞，擺放了很多紫色、白色的大坐墊和吊床，萬綠叢中點點紅的仙人掌，看似隨便亂放卻又是經過細心安排。艾璣躺在吊床上看著夜空，沒有城市繁華的光害，星光耀目。還記得第一次在青藏高原看夜空的繁星密佈，美得有點不眞實，平常在城市裡看到幾顆星星就很高興，但那漆黑的夜空裡，銀白的星光像女神手上扭動的鑽戒，忽暗忽明，在跟你說話，它有時又是一位忠誠的聆聽者，所有對遙遠家鄉的愁緒都可以跟它傾訴。艾璣心裡想：「我何時能回家，不是這個地球的家，而是遙遠星球那眞正的家，一個屬於我的地方，不再需要在這地球上輪迴，我究竟怎樣才可以回去？眞正的我又是什麼？」

什麼是創造？也許這一切本來就是一個幻象，幻象的意思並不是它從來沒有出現過，而是它隨思維寂滅而消失。今夜的沙斯塔山並不寂寞，很多人老遠來這裡等著看明天的日食，雖然這裡只會覆蓋大概百分之九十的太陽，但這裡有能量極強的渦流（Votex），舉凡月圓、超級藍月、月食等天象，地球不同地方的能量點就會加強，這是古代祖先們一直留存給世人的智慧。

有些團體相約在沙斯塔山的山頂做冥想，也有人在豹草營地（Panther Meadow Campgrounds）搭起幾百個大大小小的帳篷，有音樂，有派對吃喝玩樂，也不乏觀星聊天，聞歌起舞，彼此並沒有抵觸。不會有人說你的音樂妨礙

日食航線

了我的靜坐，一切在一個互相尊重的氣氛下進行，也有人扶老攜幼來觀日食，感受這個特別時刻，當然也有大規模的靈性活動，跟大地和宇宙連結。各種堂而皇之的藉口來開派對，爲這個日食帶來更多節日氣氛。

美國這次簡直就是發日食財，看日食濾光眼鏡全部售罄不說，蛋糕、甜甜圈、奶昔、T恤，各種小玩意都能跟日食扯上關係；公路大塞車汽油漲價，有私人航空公司提供日食航班，這些航班沿著日食的軌道飛行，乘客觀看日食的時間也會更長，但價格昂貴，令人咋舌。艾璣和朋友在營地繞了一圈之後回到酒店，躺在星空下，彷彿又回到靈靜的空間。

「你看一下，我們正前方十二點鐘方向那一顆星，它好像一直在跟著我們，它特別亮，有看到嗎？」素桑說。

艾璣看過去確實有一顆很亮的星，一顆星，它並不屬於大熊座，也不是室女座或半人馬座，它好像離她們比較近。

「可是它並不像一顆衛星。我一直有留意它，剛才我們坐車回來就一直跟著，最初也以爲是一顆衛星但它比較大，而且光的強度不同，現在更像是在觀察我們。」素桑接著說。

「你覺得它是飛碟嗎？」艾璣問。

沙斯塔山（攝影：Rivka Cheung）

它沒有很大的移動或高速飛行，也沒有奇怪的路徑，她們很難斷定它是什麼，可是就是覺得它很有智慧並帶著生命地看著她們。別忘了她們在沙斯塔山，這裡是著名的ＵＦＯ基地，不是說地底下有外星人居住嗎？沙斯塔山位於加利福尼亞北部的喀斯喀特山脈，海拔一萬四千一百七十九英尺，佔地八十五立方英里，這個圓錐形的休火山是由安山岩組成。它位於喀斯喀特山脈南部，是喀斯喀特山脈的第二高峰，加利福尼亞州的第五高峰。在過去的一萬年中，沙斯塔山平均每八百年就會噴發一次；最近的四千五百年中，則平均每六百年就噴發一次，最近的一次噴發是在一七八六年。

素桑很喜歡這裡，她總感受到一種很震撼的力量，人到這裡就感覺很輕，也不會餓。人的身體會有餓感是因為能量用完了，而現在的食糧能量甚低。能夠維持生命的是能量，食物只是其中的一種方法，但很多人還是不明白。很多個世紀以來，土著部落、薩滿、靈性大師、聖人、神秘主義者、尋找眞理者都奉沙斯塔山爲朝聖地，是必到之處。常常有人說在山的附近看到UFO、飛碟，拍照的時候有光球，有些更敏感的人說聽到地底下有聲音。有人認爲沙斯塔山提供了一個更高維度意識的門戶；有人說山的地底住的是失落的雷姆利亞大陸（Lemuria）的先進城市泰魯斯（Telos）。

素桑去年有兩位朋友一直追蹤地下城的入口，當她們要進去的時候，一鼓力量禁止她們前進，她們憶述指，入口有一種陰深、寒氣，讓人感到很不舒服，兩個人坐在一旁，看了一會也不敢上前，於是轉頭就走了。第二天鼓起勇氣回去，卻怎樣也找不著。明明在外面做了記號，下山的時候也拍了照片，雖然走的時候已日落，但她們都很用心記著原路足跡，第二天回去的時候就是找不到。她們認爲當天就應該嘗試進去，不然可能一生再也沒有機會找到了。生命裡所決定的每一件事，不論是大是小都會影響我們一生，人生就是不斷串連的事件，每一個決定，每一個當下是同等重要的，只是大部分人沒有察覺到。假設素桑當日沒有決定去印度、沒有認識她的老師，素桑相信她絕對不會是今天的素桑。

當素桑說話時，那顆看起來很亮的星星，好像突然間來到她們面前，素桑都看見了，它散發著一種柔和的光近乎催眠地籠罩著她們，她的內心如湖水般平靜，像跟天空大地一同呼吸，然後那顆星沒有任何預兆，在一剎那消失得無影無蹤。

她們對看，在對方的眼中見到自己，明亮而充盈。

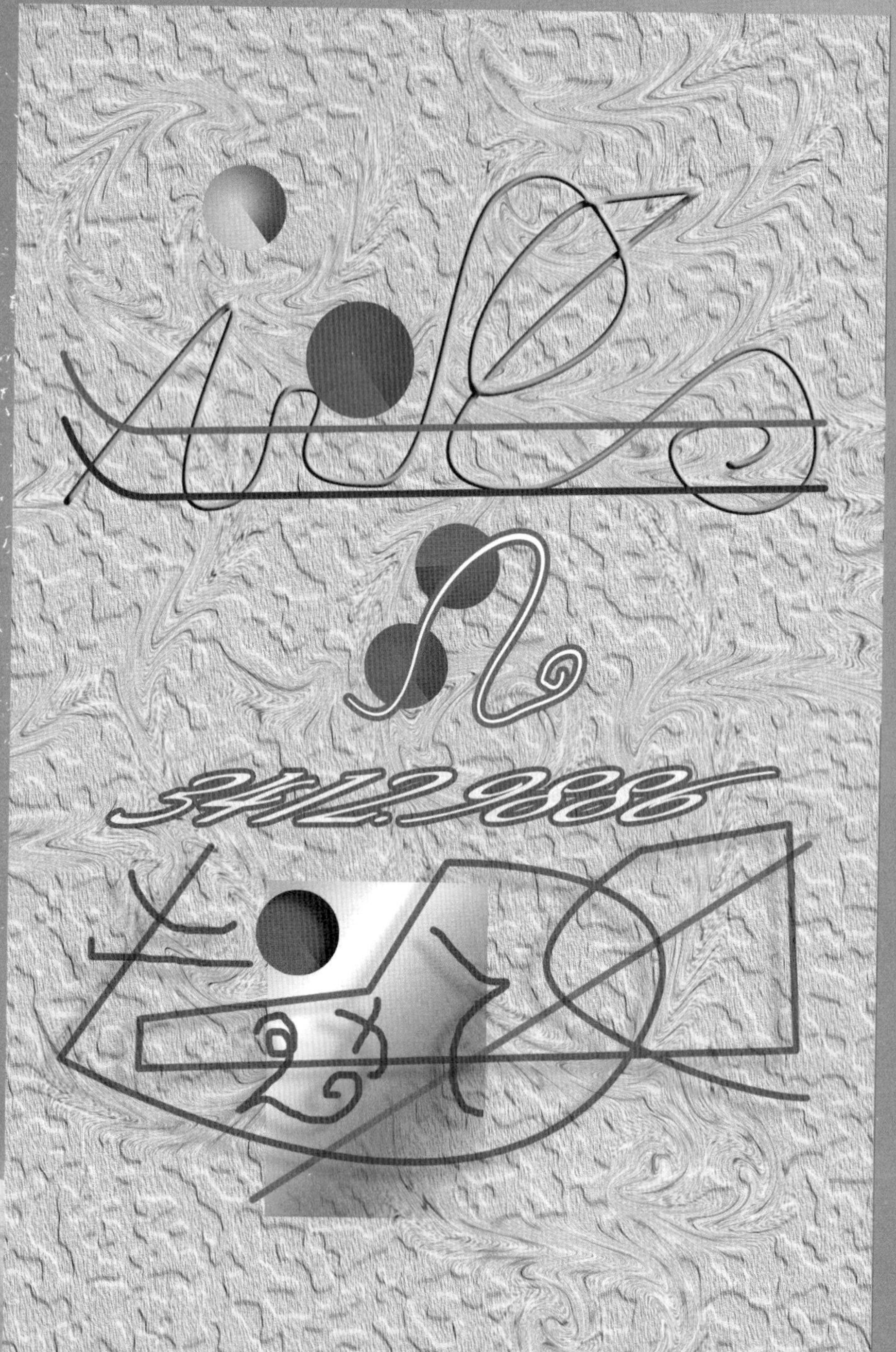

2

香港鬧市中的水晶店

當我們正覺得人類的科技十分先進的時候，還是解不開金字塔建造之迷，裡面所暗示的死後世界，不正是現代的神秘主義追求者苦苦思量仍不得其解的嗎？哥貝克力石陣（Gobekli Tepe）那些巨石和雕刻的圖案要說的是什麼？復活節島的石像，麥田圈所要表達的訊息，都跟我們很有切身關係，它們究竟從何而來？沒有一個問題我們能解答。或許尋找答案的方法一開始就是不對的……

全日食將至，半個地球的人在等待，有千里迢迢親身來到美國的，也有安坐家中透過網路收看。這次是自一九一八年（即相隔九十九年）以來首次橫跨美國各州的日全食，下次要待二〇二四年四月，這是美國九十九年來覆蓋範圍最大的日食。

這場從美國西岸延伸至東南部大西洋沿岸南卡羅來納州的天文現象，「日全食帶」範圍寬一百一十三公里，長四千八百公里。當月亮擋住太陽，只剩日冕時，預計會吸引幾百萬人觀看；若再加上透過電視或網路收看的人，根據美國天文學會（AAS）天文學家費恩柏格表示：「這絕對會是史上最多人觀看的日全食。」

洛娃看著電腦上的新聞，鋪天蓋地的報導即將出現的獅子座日食。網上看日食的眼鏡全部售罄，大家都在期待這一分一秒的來臨。她在想艾璣和素桑昨天就應該到達沙斯塔山，她們沒有選擇去俄勒岡州看而選擇到這裡，雖然只能看到90%的日食，但她身負一個任務——必須在沙斯塔山這座像接受收器一樣的山，趁日食時的能量來激活位於香港一家小水晶店的沙斯塔山石陣能量。

能量存在於一切有形無形的物質和非物質內，當然死物是沒有能量的，但插頭連上電源打開就能傳電。花、草、樹木、山河大地、飛鳥蟲魚，動物和人都是能量的載體。有時候我們說眞的很累，能量不夠要充電，我們可以在草地上小睡片刻，身體自然因爲休息了而變得精神。如果我們跟大地的能量連結，或跟宇宙不同星系的另一個維度，更接近源頭的能量連結又會如何？那將是一個無盡的能量層面，一個人可能不需要那麼大的層面，但一條村、一個城市、一個國家，整個地球就需要龐大的能量去運作、發展和改變。我們在不同的地方燃了一些能量點去接收，連結把這些能量用在適合的東西上。

至於用在那裡？小至醫好樓下的小狗，大至要改變大家的靈性覺知。有些事情一個人做很難，能和同道一起做就熱鬧高興一點，大家互相包容，無論有多麼天方夜談、怪力亂神，都會尊重去試試，查探究竟。因爲在這世上我們不知道不明白的事情實在太多了，尤其是不同維度及次元的事情，更需要保持開放誠懇的態度。古人認爲千里傳音是異想天開的事，現在不就每人手上一個電話嗎？飛機、大砲也是同類的事。

可是當我們正覺得人類的科技十分先進的時候，還是解不開金字塔建造之迷，裡面所暗示的死後世界，不正是現代的神秘主義者苦苦思量仍不得其解的嗎？哥貝克力石陣那些巨石和雕刻的圖案要說的是什麼？復活節島的石像，麥田圈所要表達的訊息，都跟我們很有切身關係，它們究竟從何而來？沒有一個問題我們能解答。或許尋找答案的方法一開始就是不對的，當然這幾千年曾有人滲透玄機留下提示，然而若沿用人類這五千年的思維模式，所得的答案，卻相去甚遠。

洛娃想她們就是要努力找出這個答案，而且希望在途上把宇宙所派來的任務儘量完成。她正想得出神，電話突然響起，是艾璣的來電：「昨天晚上和素桑已經到了沙斯塔山，還租了一個小旅館，這裡很熱鬧。要準備的都準備好了，現在和素桑坐著看星。本來在這山頭野嶺人跡罕至，沒有光害下看星就很漂亮，再加上在沙斯塔山隨時會看到飛碟就更加吸引。」

艾璣說：「明天日食的香港時間是零點四十八分至兩點五十分左右，到時在另一個維度（dimension）見。」

「好，明天見！」洛娃興奮地說。

洛娃在這個號稱東方紐約的小城市裡擁有一家水晶小店，店鋪在商業大廈內，既沒有招牌也沒有廣告，沒門路的人根本不會進去，這裡販售的都是獨一無二的水晶或在全世界收集回來的精品：不丹的藏香、峇里島的木雕、生命之花的圖案、水晶骷髏頭、雷姆利亞水晶、卡巴拉（kabbalah）和各種靈性書籍，總之只要你有緣進去，出來後就一定是一個不一樣的你。不過最難的莫過於要等它開門，這間店並沒有辦公時間，洛娃本人就是鑰匙。有時候她出門了，店就休息，但如果你是有緣人，大門總會爲你開啓的。

千萬不要小看這家小小的水晶店，它可是香港一寶，爲香港穩定繁華作出一定的貢獻。洛娃在這裡所設的水晶網已跟地球不同的光網點（Light Grid）連接：能量很強大。有一次素桑在店內感受到水晶的能量像灌注了魔法般，旁邊的東西因水晶陣強大的能量影響而變得不眞實，它們的形像大小會改變，就好像你在開長途車，陽光照下來所出現的海市蜃樓，她感覺到那個能量已經成了一個渦流，一個通往更高維度意識的門。

洛娃坐在落地大玻璃窗前，凝視沙斯塔山小石陣，中間的主晶石呈灰白色，有半米高，下面像一個筒，上面是尖頂，就像一枝削尖了的鉛筆，中間掛了一顆沙斯塔山奧普，是一塊粉藍色的閃石，旁邊一層一層地擺放了很多同樣的小晶石，當她正在檢查今天晚上所需要的東西時，汐卡拿著大包小包推門進來。

「那麼早就來了嗎？還有好幾個小時才開始。」洛娃說。

「外面人太多太嘈吵，還是這裡安靜點，給你帶了這個東西。」洛娃打量汐卡手上黑色大鍋般的鐵盆，汐卡沒等洛娃開口就說：「你先把它盛滿水，我再跟你解釋。」

然後她們把水注了七分滿，汐卡解釋：「這個東西叫魚洗，又叫龍洗，發明時間約在一千七百年前的晉朝。原理是以器皿共震造成聲效，古時使用它來模仿千軍萬馬的聲音，在戰場上故佈疑陣，讓敵人覺得我方有重兵在迎戰，使用方法是在水盤的周邊不斷摩擦，因爲震頻就會讓水產生聲音仿似雷鳴，萬馬奔騰，如果在戰場上幾十或幾百個魚洗一同運作，效果是相當嚇人的。」

「我們現在要這個東西來幹嘛？」洛娃問。

「我們現在所設的晶石陣是用能量傳送的，但光是能量不夠，加上水的震頻，用在這個特設的能量牆，配合日食特有的星際編排，並借助沙斯塔山替我們激活這個小石陣，連結星門，讓我們獲取更多關於宇宙神秘學院的訊息。當然我們這個星門還未能做到把人類連肉身也傳輸到別的星球，但至少意識上或當需要傳輸某一種能量時是應該可行的。」汐卡從行李袋中取出水果。

洛娃把水果切開，邊說邊泡草茶，放了以色列棗、龍眼、枸杞、雛菊，陶瓷壺是汐卡自製的，厚厚的塑成青藍色，有幾個圓圈圖案，草茶泡了一會，倒出來成淡褐色，沒有放糖，味道已帶甜。

汐卡是身材中等的中年女子，短直髮帶眼鏡，正職是政府機關員工，真實身分是一位光語師、法器製造師，也是靈媒，擅長跟高次頻生物溝通。汐卡喝茶時瞥見洛娃放在桌面上的觀音靈性卡，就隨手抽了一張，卡號三十三光之十姊妹，寫道：「一個進階的靈魂，已經活過很多世，面容改變過很多次，在過往學過很多、認識很多，現在就像將所有生命的力量與智慧在這一生中同時爆發，光之十姊妹同一時間在這個生命出現，要準備成長，發亮與被愛。」她細讀了卡的內容，然後把卡放回原處。

「素桑和艾璣有消息嗎？」汐卡問。

「她們昨天已經到了，剛才打過一通電話來，一切順利。」洛娃答道。

「有找到適合的地方做激活嗎？有沒有找到泰魯斯的入口？」汐卡繼續問。

「不曉得，她們沒有說。應該會上山，我記得山上有天然的祭壇和圖騰，很適合做激活，她們會找到的。」洛娃說。

「太好了！」汐卡點頭。

……她們盤腿而坐，先連接了在香港的洛娃與汐卡，再把能量連接小石陣和沙斯塔山的日食。她們的能量圖就像一顆五芒星。當素桑進去這個能量場時，感覺到自己在飛而且是顛簸地飛，才驚覺原來她正坐在一條金龍上……

自古以來人類對日食一直懷著敬畏的態度，憂慮這是厄運的開始。古人說「天狗食日」會帶來災害：給我們陽光、溫暖，讓萬物生長的太陽給擋住，突然間世界變得黑暗。狼嚎狗吠，氣溫驟降，人在這刹那被黑暗吞噬了，屏住呼吸，靜靜等待光明慢慢重回到人間。當光明重現，每個人都吁了口氣，回來了，生命回來了，陽光回來了。

日食就是當太陽在軌跡運行的時候，月亮剛好走到太陽和月球中間，把太陽掩蓋了。天有異象往往讓人有很多臆測，根據道家的研究，日供陽氣，月提陰精，日月交錯，陰陽交感而生人，所以人就是陽氣與陰精結合而成的。陽氣是我們的體溫，陰精是我們的肉體。日月食都對我們的陽氣陰精造成干擾，也影響地面的生物，及至不同的維度，古時的人稱這是「成仙」，或是《聖經》所指的「升天」，又或是佛教中的「成道」。

當然這是經歷點點滴滴累進的過程。生物有很多進化模式，日月食是其中一種，這個模式的重點就是要經歷谷底然後反彈，也可說是否極泰來。除了日月食，每日子時，每次睡醒，每年冬至後等等都會有進化。當然如果我們能掌握一些修煉身體的方法如丹功，修煉心神如冥想或一些金剛乘密法的法門，也會對我們的進化產生一定的作用。

艾璣手機的鬧鐘在響，還在夢鄉的她勉強睜開眼睛，把電話關掉，看一看時間是早上五時。她躺在床上意識仍於遠處游離，昨晚好像去了地球的中心，醒來的時候依稀見到那些矇矓地底的影像。想起昨天半夜那顆天外飛星，身體也因爲時差有點累。

看一下旁邊的素桑早就不知所蹤，心想她已起來打坐，一如既往做完瑜伽、氣功。素桑曾經說過，身體這一副機器，如果到了完全不需要用的時候就可以放下，但在還需要的時候就必須把它保養好，不然你想打坐，一坐下來身體都是各種痛楚，多坐五分鐘也十分艱難。當然如果你的身體已經對痛楚如履平地就沒問題了。想來她是對的，艾璣的年紀雖比她輕，但體力和內力遠不如她。素桑年過半百但看似三十，一把直髮、臉上平滑沒皺紋，縱使住在太陽普照的以色列，膚色也只是略深而已。素桑喜歡穿阿拉丁褲因爲方便隨時打坐。表面上她是鑽石商人，但她眞正的工作是地和水的治療師，治療受傷的土地、污染的海洋，擅長做高能量結界，打開星門穿梭其中。

時間早上五點十分，艾璣把思緒集中，趕快梳洗，素桑拿了些早準備好的水果、乾果和水就匆匆離開了旅館。昨天訂的車和司機已經在門外等候，那個司機兼導遊要帶她們上山尋找一個適合做激活的地方。司機是個年輕的小伙子，直髮垂肩，深棕色皮膚，感覺像是印地安人。他自我介紹：「你們可以叫我佐治或Cheveyo，意思是精神戰士。」佐治的外祖母是印地安人，而他只有四分之一的血統，外祖母是赫必族（Hopi），但媽媽已經沒有住在達科他州（Dakota），他在加利福尼亞州出生，聽起來這個小伙子也挺有趣的。

車還是在黑夜中前行，好像是在往上山的路上繞了大概半個小時後停下，她們帶上背包、水和手電筒，在這裡開始走路上山。山上的空氣很涼快舒服，傳來陣陣清新的樹葉青草味，雀鳥連群在空中飛翔。

她們面面相覷，真的不可思議，但隨即想可能只是他順口開河而已，大家都沒有放在心上，就只是在這裡靜靜地坐著。

「我記得你前幾年去埃及的時候不是也開了一個星門嗎？」艾璣問素桑。

「是的，當時也是突然間發生的事，我也只是跟著感覺去做，沒有細想。」素桑回憶道。

◆ ◆ ◆

當時在埃及卡納克神廟（Karnak Temple）的七重天門前發生了一件事。那裡的遊客不多，他們都在拍照，素桑站在七重天門前，其實這是一塊石牆，牆上的雕刻，看上去就像一層又一層的門。當時她只是想跟其他人一樣等拍照，遊人有的以瑜伽息止單腳站立、雙手合十，時而開懷大笑，時而扮鬼臉，這個時候素桑突然覺得要把左手斜斜的握拳放在右手肩膀對下，微微彎腰像鞠躬般向這道牆敬禮，然後慢慢走過去，感覺自己的雙手在觸摸上面和下面四個角落，像尋找開關。

素桑當時不知所以……就在這個時候，突然聽到後面一個朋友指說她在開門！她要打開這個星際之門！然後素桑把上面兩手分開成一個V字，慢慢的向下滑在身旁畫了一個圓圈。頓然感覺整個人就像飄出去，外面是漆黑靈靜的星空，卻傳來一些頻率。原來每個星球都會發放自己獨有的頻率，當人們在宇宙中就能感受到宇宙交響樂的震頻，皮膚、血、骨頭，身體每一個部分都能接收到。

素桑的心隨著震頻慢慢地打開，就像一朵生命之花的圖案一層一層有排列的開合。

這裡沒有風聲，也沒有氣流，而她就像一尊石像，靜靜地在群星的懷抱裡聽這宇宙震頻曲，由心底透過身體發出來，一種震動由太陽神經開始慢慢地一層層地往外推，然後手腳發麻，牙關不受控制地打顫，全身毛髮直豎，然後整個人發麻，一種感動、溫暖、喜悅透過意識在身體開展。不知過了多久素桑感覺已經歷了幾個宇宙生滅的時間，當身體的感覺慢慢恢復，手便回到開啓星門時的位置，把門關閉。

素桑慢慢向後退兩步，身體顯得有點僵硬，仍然彎腰鞠躬行禮才離開。她一直退到牆上，頭腦空白一片，腳步浮浮，眼睛睜不開、喘氣，感覺能量一下子就用盡，費了一把勁才把自己整合，開星門的時候，一股很大的氣流如風撲出來，身邊的朋友就隨之而去。她說她去到了宇宙的中間，眼淚一直不停的流，很大的愛簇擁著她，她不知道在哪裡？停留了多久？突然又被一股力量拉回來。素桑當時有昏暈的感覺，要抓住一塊石頭坐下，因爲能量一直把她往上拉，像隨時飛往天上消失於無形……

◇◇◇

艾璣對剛張開眼睛的素桑說：「你躺了很久，日食的時間快到了，你看一下天空！」

素桑坐直身體，拉一下衣衫，她們盤腿而坐，先連接了在香港的洛娃與汐卡，再把能量連接小石陣和沙斯塔山的日食。她們的能量圖就像一顆五芒星。

當素桑進去這個能量場時，感覺到自己在飛而且是顛簸地飛，才驚覺原來她正坐在一條金龍上，素桑只是抓住金龍的脖子，金龍飛得實在太快了，素桑無法辨別周圍的境物，只看到地球和月球，以及許多光行者在地球外圍的大圓圈。她感到艾璣、洛娃和汐卡都在附近連接宇宙最神聖的光，並把光傳送回地球，希望在日食讓大地變得黑暗時，人仍可以依賴光明，人心可以把持住不讓黑暗入侵。

當日食達到最高峰的時候，她們看到整個地球發亮，仍然是充滿著能量和光，並在漆黑的太空中照亮著她們的臉。當素桑正準備要完成的時候，身體向著一個旋渦下滑，並在山洞口停下來，素桑不知道身在何方，正要往山洞走進去的時候，洞口本來沒有人，或者說沒有東西的，一個高瘦的人形物體突然出現，穿著寬身的灰袍，頭被覆蓋著，看不見臉，它好像是從旁邊灰色的牆壁裡走出來，問她：「你要去哪裡？」

素桑說：「我跟本不知道自己在何方，請問這是什麼地方？」

「這是地心的入口。」灰色人形說。這時它好像接收到訊息：「請你進去。」素桑便往山洞裡走進去，與其說是走，其實是「飄」。進去後有另一個同樣的灰色人形來領她繼續向前，並進了一間類似電梯的小房間，那個灰色人形進去時用它們的語言咕嚕，好像說：「去要去的目的地。」電梯內感覺不到有升降，過了幾秒門便打開……

4

中立的地心星族亞爾達特

……所有的星球必需要按照宇宙的自然法則而存在，這個法則就是自然、道、大能和宇宙本源。是你們所說的神但它不是一個物體，不是一個人格化的東西。它是本來如是，無來無去，永恆存在的。這是它的本質，而所有星球及星球上的有情生物都有這個本質，這也是合乎自然的。

洛娃和汐卡在日食差不多開始的時候坐在小石陣前，她們觀想與艾璣、素桑預先設想的五芒星形連結，然後汐卡開始磨擦魚洗的雙耳，水與震頻的撞擊發出像雷鳴的聲響，她開始念光語激活水晶柱，當時能量旁邊的東西開始變形，沙斯塔山水晶柱所在的地下開始消失，淡灰藍色的光在地下浮上，有幾個灰色的小人從那裡走出來，圍著水晶柱壇城打轉，突然間地面出現一個很強旋渦。汐卡感覺身體一直往上升，穿過天花板，離開了房間，離開了大廈，她看到自己在天空中，回望腳下是中環高低參差的大廈，地面的人車已經變成小逗點，海洋、島嶼已無暇顧及，只是不停往上沖開雲霧，濕潤的水氣往臉上撲，最後，衝出了大氣層，在靜止的太空中飄浮，身體隨著感應去找素桑、艾璣和洛娃，看見她們在地球之外與光行者連接。

汐卡看見灰藍色的旋渦不斷擴大，整個地球快被旋渦吞噬，超越光速的引力把她往旋渦的中心拉下去，旋渦的中心點就是地心。她想現在的情況跟一顆彗星撞落地球差不多！但汐卡並沒有在地面降落，卻穿插進地面，像在一個管道上滑行，遠處一點光，而她的身體正往那裡前進。光越來越強，滑行中眼睛已睜不開，汐卡閉上眼睛，突然滑出了管道，睜開眼時已在一個由粉紅晶石建成的星球，心裡懷疑這就是地球的中心嗎？

這時有聲音告訴她：「這是亞爾達特星族。我們是居住在地心的其中一個星球，我們代表著地球和宇宙的心輪連接。地球的心輪必須要平衡，同時要不斷提升，我們是地球提升的鎖匙。其實你們的地心就像一個小銀河系，裡面有不同的星球，並且跟宇宙連接，我們進出並不需要經過地球，從地心可以直接去到宇宙的其它星球。我們的星球和地球並不在相同的維度，所以地球是不會發現我們的存在的，如果不是你們激活了沙斯塔山這個入口、改變了它的維度也不會進入我們的星球。不同的宇宙有不同的維度，就是相同的宇宙也有不同的維度，相同的星球在不同的維度，並不會看見對方，譬如說在地球有不同的生物居住，也有不同星球的人在居住，但除非它們有意讓地球人看到或能量上有所改變，不然，普通地球人是不會看到的。」

「什麼是能量上有改變？」汐卡問。

「地球人經過自身努力或經過高智生物的幫助，讓能量能突破三維世界的範疇。」聲音繼續向汐卡解釋。「你有沒有想過，神、天使、觀音、度母、龍，一些被地球人神話化的生物，當然還有小灰人、蜥蜴人……其實都是不同星族的生物；它們之中有很早就到過地球，對當時仍是野人般的地球人而言，這些高智的生物就像神一樣，他們有無窮的能力，可以創造神蹟，可以預知天象，他們坐飛船從天而降，可以治百病，教地球人天文知識、耕種、長生的秘訣，甚至如何在死後獲得永生，並教導人類如何回到本源。」語音徘徊之際，汐卡在恍惚，疑問在腦袋中似要爆炸。

汐卡禁不住問：「那你是說我們心目中的神其實是不同星族的高智生物？那究竟有沒有一個全知全能的神呢？」

「你們世界所想的創造者並沒有創造你們，你們是按照宇宙的規律而生的，這個規律是從宇宙中所產生的精微，結合不同的星球而來的，有一些精微適合在這一個星球而有一些適合在別的，當她們找到適合的地方就會產生化學作用，這個星球就會開始進化演變，宇宙中不同的魂魄會聚集，最後成爲不同的動植物和人類。人類是地球的霸主，但別的星球可能是猩猩、老虎、牛，它們是比較像人型，不是你們在地球上見到的那種動物模樣。進階的星球也有龍、你們口中不同形相的神天使，甚至度母、菩薩。所有的星球必需要按照宇宙的自然法則而存在，這個法則就是自然、道、大能和宇宙本源。是你們所說的神但它不是一個物體，不是一個人格化的東西。它是本來如是，無來無去，永恆存在的。這是它的本質，而所有星球及星球上的有情生物都有這個本質，這也是合乎自然的。」汐卡聽著稍稍了悟。

聲音繼續解釋：「譬如說我們這個亞爾達特星已算是一個比較老的星球，

我們已經歷很多次宇宙生滅，不以年份計算，而是以宇宙生滅的周期而言。有一些星球已經過多次宇宙生滅，升到不同的維度，也就是說它們已經歷過星球的各種戰爭、統治，還原生存的狀態，裡面的人已經沒有老病，它們的技術連死亡的問題也都解決掉，其中有一些星人會去別的星球幫助開發。當然在宇宙裡有好的星球也有壞的星球；也有一部分是中立的，代表它們並不會插手干預別的星球運作，只會做旁觀者。亞爾達特星就是一個旁觀者，我們不會介入干預地球的所有決定，我們既沒有來拯救地球的意圖，也沒打算來搶奪，但有些星球是不懷好意的。我們之前有別的星球掌管心輪，每隔一段時間它們都會離開，然後再有新的星球來擔當這個職位。」

「是誰會委派職位呢?」汐卡很好奇地問。

聲音回答：「是宇宙銀河聯盟，他們是保障宇宙中星球的穩定與和平，也保持宇宙與宇宙之間的連接和溝通。譬如說若有其他星球要搶奪地球或危害地球是不可以的，他們的行動受到監管。但現在地球的問題是自作孽，與別的星球無關！」

「地球會滅亡嗎？」汐卡追問。

「所有星球都有生滅的，只要能學習做得好就能進階。滅也是生，就像一條旋轉型的樓梯，當你爬到頂的時候，本來毀滅的已在另一個維度生起，所以它是無盡的。唯一可以告訴你的是，要經進化必須要找到能幫助你們進化的資料，這些資料也必須是普羅大眾都能學習的，不再是神秘的和小眾的。在很早以前，地球各處曾接受過很多訊息，並被埋藏在不同地方，以往這些知識只會挑選適合能量層面的人來傳授，加入像白光兄弟會等的組織。」聲音所指的這些知識是從一個叫多瑪的地方而來的。

多瑪的意思是——宇宙永恆之光的階梯，一個讓所有星球去學習宇宙最高知識、跟宇宙知識合一的地方。幫助星際的居民可以循序漸進到達宇宙永恆安寧的心輪，並於此安居永不退轉。以前的人都稱它做神秘學院，在不同宇宙不同維度都有，這些知識就正正是人們過渡的階梯，而今天人類整體能量提升到一個能接受這些知識的狀態，雖然當中還是有很多疑惑、糾結。

此時神聖的光（Divine Light）對汐卡說：「當你完成這次任務，將會回到你的星球故鄉。很久之前你的星球面臨滅亡，你自願通過星際旅程去尋找新的星球移居，後來它們找到突破維度的方法，讓星球沒有毀滅並得到提升；而你因太空船在地球墜落，你跟星球的聯繫切斷了，最後你在地球不斷地轉生，但你靈魂深處還是存有最初外星的訊息，所以你從來不會感覺你屬於這個星球，無論你做什麼都覺得是不完整，你會不停地要尋找、發掘那個眞實的你。

同時你的星球已偵查到你的存在，由於你已久爲地球人，身體不能突破三維的掣肘，所以你的三維身體必須先死去才能重生。以後她們會有更多訊息傳遞給你的，我能告訴你的就只有這些了。」聲音就慢慢消散了。

汐卡茫然，一下子接受了振聾發聵的訊息，卻豁然開朗，不再孤獨，跟自己星球和宇宙的連接，被愛的力量包圍著，心輪燦爛地打開，一層一層地充滿絢麗的顏色和圖案。像蓮花的心、像Sri Yantra[1]，她感到輕鬆愉快，永無止境追求的渴望靜止了、擺脫了輪迴的恐懼，覺得自己從來沒有如此眞實地活過。

註釋：

❶由五個向下三角型代表神聖的女性能量沙克蒂（Shakti）和四個向上三角型代表男性能量濕婆（Shiva）交疊組成，代表著陽性和陰性能量的結合。九個三角形互相交錯形成四十三個小三角形代表整個宇宙。中心一點稱為賓度（Bindu），是這個宇宙的中心，也是宇宙發展的源頭。

13
44.33.112031

5

地底博物館

……這個約櫃其實是一個無人駕駛的迷你飛船，只要有足夠的能量就可以起飛。你們所說的聖諭板是寫著有關這個星球的光語訊息如何通過這儀器連繫遠古的外星族群，把外星的訊息傳遞給地球和這小型飛船的使用手冊……

門打開的時候，眼前是一個長型大廳，兩旁有十二根大圓柱，深藍閃灰的石牆，因年代久遠已經發黑；屋頂半開放讓陽光可穿透進來，廳的盡頭是一條樓梯，上面放了一個金色的箱子，陽光輕灑在上面折射出金光，淺藍色的光盤踞在箱子上，朦朦朧朧的圍著。素桑站得太遠沒能看清楚上面是什麼東西。

這個房間從一面到另一面應該有半個足球場大，那個人領她進去，請她在那裡等待。素桑覺得儼如在神殿內，雖然周圍並沒有神像，卻讓她本來有點緊張的心安靜下來。

素桑靜靜地觀看四周牆上的符號、文字，這些文字有點像希伯來文但又不完全是。她心想在以色列住了十幾年，如果是希伯來文應該會認得，這裡有一些符號是不一樣的。難道這是古時的希伯來文？歷史學家說古時的《摩西五書》／《妥拉》是以古希伯來文寫的，跟現代用的希伯來文是有一些分別，然而素桑卻沒見過。

她走到神殿的中央，近距離看那長方型的物體，上面有四個天使張開雙翼遮住櫃蓋，她想：「如果我沒有猜錯，這是約櫃，是傳說中放置十戒——這兩片由神所賜予的聖諭板。」之後還放入了裝有「馬那的金罐」和「亞倫的手杖」，但金罐和亞倫的手杖後來都被人拿走了。根據《聖經》記載，當約櫃被搬到聖殿裡時，裡面並沒有這兩樣東西。

據《聖經》所載，約櫃長二點五肘尺，寬一點五肘尺，高一點五肘尺（約111×67×67公分），以合歡木製成，內外都有純金箔。櫃蓋用純金打造，兩端各有一個純金的天使像，彼此正面相對，臉朝櫃蓋，翅膀向上張開遮住櫃蓋。約櫃腳的上方有四個金環，有兩根包了金的合歡木槓子穿過約櫃兩側的金環，方便扛抬。約櫃的作用是提醒以色列人和神在西奈山所定之盟約。

素桑記得家裡有一個在伯利恆買的仿製約櫃，但現在看這個箱子跟約櫃的描述有點不同。她現在也不知道遠處所看到的是否約櫃的眞身，因爲自耶路撒冷第二次聖殿被毀後就沒有人再見過約櫃，有人說眞的約櫃在埃塞俄比亞，也有研究猶太歷史的學者說約櫃被埋藏在猶大山。一件對猶太民族那麼重要的物件究竟在哪裡，完全沒有人知道，恍惚突然間在這個世界消失了。素桑看到約櫃後面的牆上有三幅卡巴拉的生命之樹，它們很相似但其中兩幅比平常見的多了一些 Sephirot❷，這個時候，在石牆後面有人慢慢走出來，他穿著一條長裙，個子很高，頭髮用頭巾蓋著，膚色樣貌就像一個在街頭隨時碰上的以色列人，唯一不同的是他的皮膚散發著柔和明亮的感覺，一個你會喜歡親近，不用說話，安靜坐著也令人愉悅的人向她走近並點頭，用傳心的方法跟她說：「我是依黎列達，是達爾卡星人——我們是古老智慧的守護者。」

素桑心裡問：「達爾卡星在那裡？」

依黎列達隨即回答：「達爾卡星是在地球中心的一個星系，跟宇宙直接聯繫，我們進出不需要經過地球，地球有幾個入口，如果能量提升或維度改變了

❷ Sephirot（質點）是在生命樹上面的圓形圖案，猶太教的生命樹有十個質點，每個代表著不同的神聖力量，透過這些質點整個宇宙便建立，而這些豐盛的靈性能量也透過質點而到達物質世界。

就可以進來，我們不是三維世界的。」

「我想一定是一連串的日食、連結，讓我的能量有所提升而能進入他們這星球，但爲什麼地球的科學家所看到的地心是沒有星球的？」素桑問。

「因爲他們所看到的只是三維世界的地心，所以那裡只有熔岩、石頭。地球本身也有不同維度，只是你們還沒有能力偵察到。」依黎列達說。

素桑環顧了一下問：「我在你們的神殿嗎？」

「不是，這是我們的博物館，我是博物館管理員。」

素桑很詫異地叫了一聲：「博物館，眞不可思議！」

「我爲什麼會在博物館？」素桑問。

「我會帶你看看這個博物館，我想裡面一定有你需要的東西。」依黎列達並沒有回答素桑的問題。

「牆上的這些是希伯來文嗎？爲什麼跟我認識的有分別？」素桑隨口問。

「這是星際希伯來文，當外星族群教地球人用古希伯來文的時候，把一些星際符號減掉了，因爲那時候的地球人，能量還沒能接受星際語文或叫光語，這些光語的能量只有在他們祈禱的經文才保留下來。」依黎列達說。

「那麼牆上的希伯來文和符號代表什麼？」素桑問。

「牆上所寫的是有關這個星球的故事，如何到來？如何與地球人溝通？那麼，這是地球的歷史嗎？」素桑接著問。

「是地球一部分的歷史。你先過來看一下這件展品，知道這是什麼嗎？」依黎列達上樓梯來到箱子前說。

素桑終於能走近看看這箱子，它的造型的確很像《聖經》上描述的約櫃，但它的櫃蓋上有四個天使，也是彼此正面相對，臉朝櫃蓋，翅膀向上張開遮住櫃蓋，而最大分別的就是櫃的中間有一隻金色兩邊伸展的翅膀，就像古埃及荷魯斯的翼（Horus wings）。

「這是星際約櫃，只是後來給以色列人的時候簡化了。約櫃上面需要四個天使才可平衡，而中間的天狼星翼是一個導航器，也是監察儀。這個約櫃其實是一個無人駕駛的迷你飛船，只要有足夠的能量就可以起飛。你們所說的聖諭板是寫著有關這個星球的光語訊息如何通過這儀器連繫遠古的外星族群，把外星的訊息傳遞給地球和這小型飛船的使用手冊。」依黎列達詳細解釋。

一時間素桑對依黎列達所說的一切有點消化不了，雖然她不是猶太教徒，亦對猶太教的神或造物者不大熱衷，但在以色列住了一段頗長的時間，對他們的思維文化背景也頗熟識，這番話如果放在地球上公開談論，所有人都會認爲發消息的人是瘋子或是電影橋段。這顛覆性的言論，會帶來無法估計的後果。

這並不只是猶太教，還有基督教和天主教，全世界有約二十幾億的信徒會受到衝擊。

「等一等，這個星際約櫃跟摩西在西奈山接的不是同一個？」素桑極力想找出破綻。

依黎接著說：「不是，它們最不同的地方就是這個，是四個天使翼和加了天狼星翼，這樣儲夠能量就可以起飛，也可以導航；內外有很多裝置，如使用音頻運輸，也可連接地球的雷線（leylines），測量哪裡匯聚更強的能量。重點是兩個約櫃內皆有機關，隱藏了神聖的鑰匙，這兩條鑰匙要一起才能開啓約櫃所隱藏的遠古秘密。」

「你說導航器，我明白，但監察儀的作用是來監察地球人的嗎？」素桑不解。

「不是，他們要監察的不是地球人而是地球的能量運作，這樣才可以對接宇宙的能量狀態，幫助地球的能量提升，而這一切都跟宇宙和地球的心輪頻率有關。這個我以後會再跟你解釋的。所以這個儀器必須放在地底，以前猶太人待在曠野四十年的時候將它帶著，這樣其實會引起能量轉移，當時猶太人都知道這個箱子裡面有一些他們駕馭不了的能量，有些人因爲不小心接觸到而死亡。

當時他們給摩西所打的約櫃並沒有天狼星翼，所以那個約櫃不會飛行，但當儀器儲夠能量時可以消滅一個城池，也同樣可以測量雷線，跟地球以外的星球溝通。當時有解釋過給摩西聽，摩西本身已能接收很高的能量訊息，也知道這是外星族群與他溝通的方法，所以他把這個約櫃供奉在神殿內，阻止其他人接近。」依黎打開了一個謎。

「你現在是間接告訴我整個猶太人歷史是建築在一個外星族群上的嗎？」素桑直接了當問重點。

「這個問題的答案在你看完博物館後我們再討論。」依黎列達嘆了一口氣又道：「首先，你要明白一些地球的歷史。你們的科學家用現存最精密的儀器推算地球大約有四十五億年歷史，但實際上地球的年齡遠超於此數，有人類居住的時間是很短，但卻絕不是五至七千或一萬年，這只是現代人用他們僅有的科技推測出來的數字。人類總共有四個時期居住在地球，每段時期平均約有十二萬年，你們這一批人類是二十萬年前即在上一次文明被毀滅遺留下來的後裔。

上一次文明毀滅是因爲地球出現了一次長時間的地殼變動，反反覆覆幾次，當時人類科技比現在更先進，最後還是沒有辦法生存，但有很少部分的人經過各種方法留存下來，儀器雖被毀，他們卻沒有忘記科技知識，所以他們就運用當時原始的物質來做一些高科技玩意。你們在南美洲的壁畫中所發現的太空船、穿著太空衣的人、埃及壁畫裡的電燈、復活島的人像、哥貝克利石陣埋在地下的巨型石頭，是後代看到而畫下來的見證；也有一些是用了他們所教的方法去建造。另外一點你們必須知道，地球在過去的幾百萬年從來都有很多其他星球的生物／星人來探訪或居住。他們從沒間斷過，所以在地球不同的地方都會留下印記，譬如金字塔，不單只在埃及、還有南美、墨西哥、中國，生命之花的圖案在所有古文明的國家都能看到。」

素桑還未能組織問題，依黎列達又繼續說：「地球是在宇宙中比較年輕的恆星，在地球人還未把它破壞之前，是很美麗的一個星球。以前居住了不同星球來的人，當然地球人仍然是這個星球的霸主，他們從來不是奴隸，也沒有經過培植或實驗，他們經過自然的法則而生，跟宇宙所有的星球一樣。從一開始，地球的主人就是人，儘管當時的人不一定跟現時的你們一樣，他們在漫長的進化過程中，在外形上做過各種動物……」

素桑的好奇打斷了依黎：「難道你的意思是我們是由動物演變出來，那是被科學界推翻的達爾文進化論是對的嗎？」

依黎列達回答：「不是。你們的進化論說的是你們由猴子進化成人。我們說的是你們從一開始就是人，但經過漫長的進化過程，中間以最適合當時環境生活的動物形態出現。你們做過九頭蛇，也曾經是巨人，也是半人半獸，幾乎所有動物你們都曾經做過，所以在你們的記憶體裡存在大量的動物性。你可以細想你們現代地球人的雜性……就明白我所說的。而現在是你們這種形狀的人戰勝了其它動物形態，成爲地球的霸主，然而你們還是會繼續進化的。地球現在發現小孩的眼睛能像貓一樣可在晚上看東西；也有一些人身上有可抵抗所有病毒的功能；有一些有超能力，這並不是他們的基因變種，而是因爲他們在進化。人類是在不停進化的……有些星球的霸主是牛頭人，有些是蜥蜴人，有些是隱形的，有些是不同顏色，有些沒有身體，這都是要取決於他們的星球是由那一種形態主宰。」

「你是說我們和其他星球人沒有什麼不同，那爲什麼他們的科技比我們先進了那麼多？」素桑越聽疑問越多。

「因爲有一些星球比較成熟，他們經歷了很多次宇宙生滅，他們在過程中不斷的學習、進化，他們有的已從經驗中學會如何才是統治星球最好的方法，並成功消滅疾病和衰老，他們讓星球超越不同的維度，亦可穿越到不同的宇宙，他們自然比地球擁有更高的科技；但也有一些像二十萬年前的地球，還在進化階段中，只是他們和你們沒法聯繫，所以沒有看見。最大的問題是地球人對自己一點基礎的認識都沒有，對『什麼是我』這一個問題還沒有達到一個普遍認知的水平。對地球的歷史也採取封閉的態度。你們並沒有眞正用心去尋找答案，當答案放在你面前的時候你們又不敢相信自己所尋找出來的答案。什麼事情都要以一個三維形式，合乎你們邏輯的解釋才算是事實。首先所有星球包括地球都有不同的維度，無盡的宇宙也有無盡的維度，這是何等的境況！你們沒有看見不代表沒有存在，你們要尋找實相，但實相是什麼你們並沒有準備好去面對。」依黎列達殷切的對素桑說，有點恨鐵不成鋼。

在依黎列達不斷地給素桑解釋的時候，天色開始沉下來，而原本發黑有閃石的石牆現在看起來就像星空，閃石就是一顆一顆的星星，外面越黑，它越是明亮，還有星宿圖、星雲、銀河，但素桑覺得這個星宿圖跟在地球上空看到的並不一樣。現在整個神殿泛起了一片幽幽的藍光，看起來格外神秘。

一切都是如此不真實，到底是否在夢裡？印度靈修的第四個層次（Turiya State）：清醒，睡眠，夢境，第四境，睡夢跟清醒是一樣的毫無分別。素桑覺得自己是處於這種既清醒卻在夢境的狀態，把在思維上飄過的懷疑隨口發問：「我聽說地球是受監管的，是誰在監管？是誰賦予這權利？神是否存在？」

依黎列達依然循循善誘：「地球是受星際聯邦（Galactic Federation）監管，地球是一個受保護的自由地區（Free zone），如果有其他星球要來侵掠或發動戰爭是會被阻止的。當然有些星球還是會暗地裡讓地球分化，但是別的星球不能來挑釁，發動戰爭，可是地球自己的問題還是要自己解決，例如污染、核武器，掏空地球能源等。在地球生物出現前就已經有多個不同星球的星人來過，有些是來看看、有些來研究、有些來短居，也有一些來抽取地球的資源。由於當時地球還沒有生物，所以宇宙同盟並沒有加以管制。我們是第一批來地球勘察居住的星人，當時還有亞以西族、普以巴來里族，還有格庫勒瓦即是龍族，薩比亞多就是天使族群。天使族群跟宇宙的源頭能量連接所以能量層很高，而龍族後來就成了地球的護法星人，來掌管地球地水火風，導引能量來地球。那時候我們都被這星球的漂亮和生命力所吸引而留下來居住。當時宇宙同盟曾下盟約，如果地球一旦出現人類生命，我們是不能干預他的生命發展的，地球人必需依照自然的方式來生存。當然後來很多從外星來地球探訪的生物都給地球帶來很多高科技和新知識，人類在二十萬年前所擁有的科技比現在更先進，但是一些大的自然災害如地殼變動、冰河期、恆星變位、彗星撞擊都會令人類／生物遭遇一次又一次的毀滅。當時有很多星球儘量幫助地球保存一些重要的知識，待毀滅過後回來教導大劫不死的地球人，所以你們在不同的文化裡都聽過類近的神話，這其實是在災難後，有些類神的人物回來教導人不同的技術、醫藥、耕種、觀天象、跟宇宙溝通的方法等等。」依黎列達娓娓道來，人類一頁又一頁的劫後重生都在素桑面前翻動，頓然感到人類是多麼的脆弱和無力。

「我們星球的人曾經多次扮演災難後的類神人物。我們達爾卡人是古老智慧的守護者，在地心住了幾百萬年，這是我們的子星球，母星是在宇宙最遙遠的邊際，當時我們的母星派出遠航者探索，發現了地球，發覺地心的星球很適合我們居住，於是把一部分的人遷移到這裡，從此每當地球出現大災難之後，我們就會把這些古老的智慧重新教導你們，這樣的情況已不知多少次了。」依黎列達間接揭開人類集體潛意識的神話源由。

「你現在出現是要告訴我地球會面臨另一場浩劫嗎？」素桑開始推測。

「地球會面臨的浩劫又豈止一次，你不需要太擔心！一切會依從自然的法則，但人類必須覺醒。」依黎列達語重深長。

「那不同的宗教是如何形成的？」對素桑而言，這是不能不問的問題。

「曾經在地球居住過的不同星系，於不同的時期教導地球人如何跟他們的星系連接，學習他們星球的知識並幫助地球轉化提升能量模式。譬如，當時石板所寫的是關於那個星球的歷史，關於它如何根據自然的法則形成。對我們來說宇宙的大能並不是一個人性化的形象，他是宇宙、超宇宙的自然力量，我們很清楚我們不是被造出來的，我們應自然而生，有自然的規律。當時這個星球告訴摩西有關他們的星際律法，其中包括一，不可有政治活動行爲；二，不可有宗教行爲（指膜拜一些不是本源的能量）；三，不可行騙；四，不可明知故犯。」依黎列達所說的素桑能接受並且明白，只是對廣泛的地球人而言就不見得一定了。每個人都活在自己的舒服框框內，只要不觸及它一切都很好，但神經線一旦被觸及，人就會瘋狂去保衛固有的理念，能放下執著的人很少，能放下並開放接受實相的人如鳳毛麟角。但時候到了，也不得不面對，而素桑想，可能時候眞的到了……

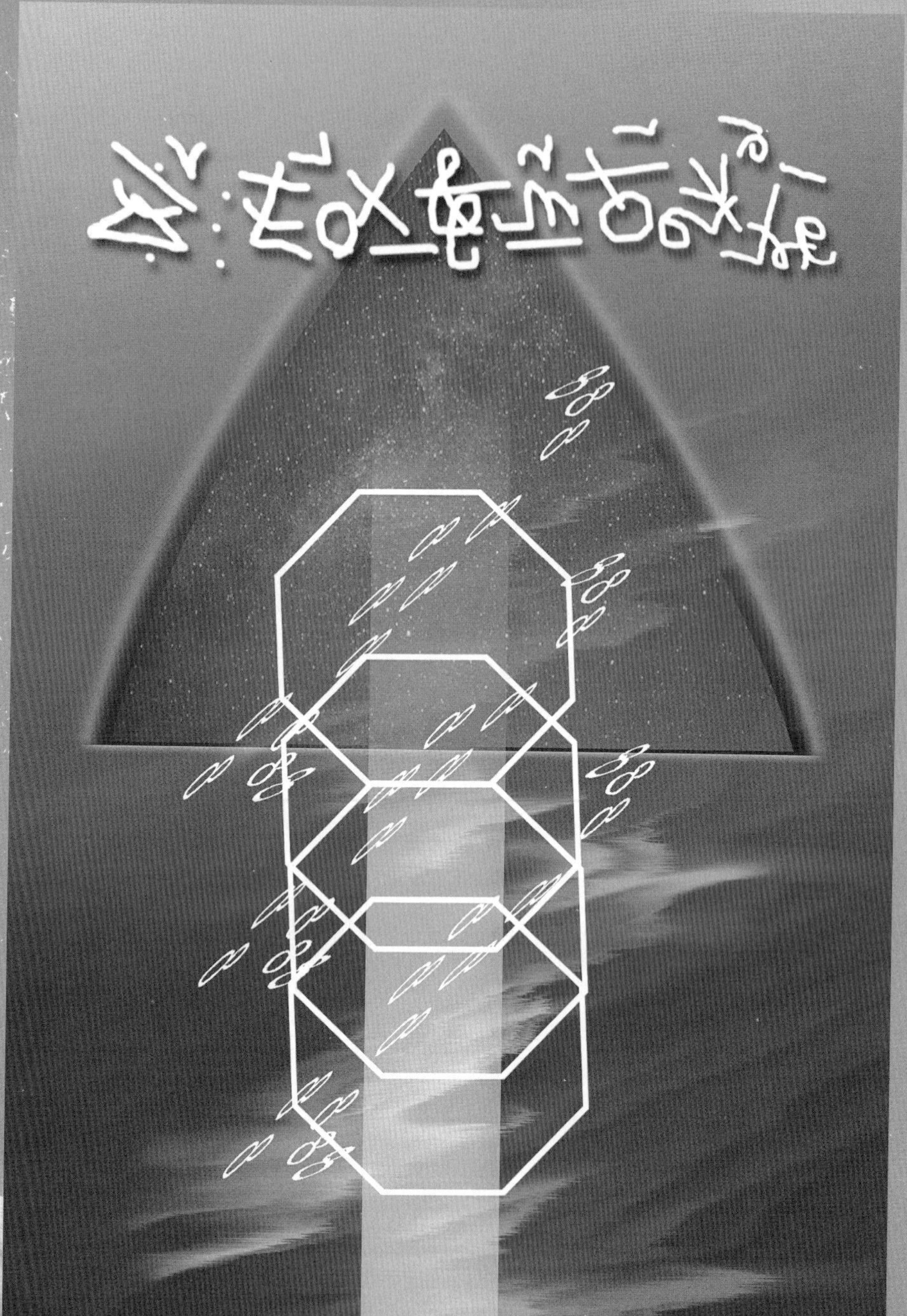

6

打開宇宙知識之門的星際約櫃

……在坦桑尼亞曾經找到二億五千萬年前巨人的骸骨，在蒙古也曾發現五米的古人骸骨，即使在香港，也曾經發現一顆巨人的牙齒，還有一九五〇年在阿拉斯加所發現的兩尺長的腳印……所以說地球上曾有巨人居住過不應該是一件很難明白的事，但主流考古學家和人類學家，甚至媒體還是不能承認這個事實……

素桑一直在欣賞這個星際約櫃，約櫃完全沒有接口，金光光滑的表面奪目，伊黎卻解說：「這不是金，是一種地球沒有的礦物，上面的天使翼會拍動，感覺能隨時飛上太空，中間的天狼星翼跟埃及的荷魯斯翼很像，這可能關連到埃及人和天狼星的關係。」伊黎列達在中間按了一下，翼就脫開，往中間下沉，箱子自動打開，裡面放的是一塊透明水晶片般的東西，上面注滿了星文。

「難道這就是所謂的聖諭板？」素桑問。

「地球人接的是一塊質料像石板的聖諭板，這種礦石地球是沒有的，而石板裡面也有這一塊水晶片鑰匙，兩條鑰匙放在一起，可以打開宇宙知識之門。」依黎列達叫素桑看身後的三幅圖。

素桑看了自忖：「和之前想的一樣，這三幅都像是猶太教卡巴拉的生命樹，但又有些不同。」

依黎列達叫素桑坐在第三幅生命樹面前調整自己，首先呼吸一下，素桑跟著它的指示做，呼吸慢慢地平定下來若有若無，然後嘗試用心來呼吸，不再依靠鼻子和口，思維和身體只有一絲的牽連，張開眼睛看著這幅神界生命樹，然後閉上眼睛用正在呼吸的心來連結這幅神界生命樹。心和宇宙中間的連接，心不斷的膨脹，把整個宇宙包圍，宇宙和心的能量合一，從上到下、前到後，超越了三維世界，所以從上到下是無盡，前到後也是無盡的，然後它會自動從四面八方擠回來聚在這一點上，這一點包含了所有壓縮的時間和空間，在心裡不斷地爆炸，粉碎又重組，一次又一次，直到心能適應這個新的狀態，無時無刻不是在出生和死亡中穿越。最後，宇宙在我之內而我是宇宙的心。這就是看這幅圖的方法。

素桑張開眼後，神識還是停留在這種狀態之中良久不能回神。

素桑和依黎列達從神殿走出來，「你可以自己走走，這裡很安全也不會有別的人來，如果有需要可以隨便坐下休息，每個房間的門外有一間很小的房間，房間有透明門，這是我們的休息室、也是供我們儲存能量的地方，你進去坐在位置上，機器會掃描你然後給你需要的補充。」依黎列達說完就離開了。

外面是一條長廊，這裡有幾百個像神殿的房間，素桑邊走邊好奇地查看房間裡面有什麼。其中有一間特別大的房間，裡面的石桌石椅就像巨石陣那麼大，還有兩個巨人的石像和骸骨，這個骸骨看來有四至五米高，他的骨頭粗壯如百年老樹。這是否就是《聖經》中所說，由天使和凡人交合所生出來的巨人（Nephilim）？其實一些資料指出，在世界各地都發現過關於巨人的故事和骸骨，在梵蒂岡的圖書館有記錄亞當身高四公尺而夏娃身高三公尺。在希臘和羅馬神話中，根據赫西奧德的說法，巨人是蓋亞人的後代，乃希臘神天王星被他的泰坦兒子克洛斯閹割時灑出的血液中而生。

在坦桑尼亞曾經找到二億五千萬年前巨人的骸骨，在蒙古也曾發現五公尺的古人骸骨，即使在香港，也曾經發現一顆巨人的牙齒，還有在一九五〇年在阿拉斯加所發現的兩尺長的腳印……所以說地球上曾有巨人居住過不應該是一件很難明白的事，但主流考古學家和人類學家，甚至媒體還是不能承認這個事實。如果我們接受這個事實，那麼在貝魯特的巴勒貝克石牆（Baelbek）、巨石陣（Stonehenge）、獅身人面像（Sphinx）和復活島（Easter Island）的巨石就更容易解釋了。這就是巨人在地球上曾經住過的證明。

素桑又再走過一些房間，看見裡面有森林、獨角獸、精靈、牛頭人、蛇尾人身，還有一些狀似太空人和故事中的戰士。素桑走了一會眞的感到有點累，便走進依黎列達告訴他的能量補充室。她被一陣熱能掃描了後，看到不同顏色的光在身上不同的部位停留，最後迷迷糊糊地閉上了眼睛。

素桑醒來時，渾身舒暢，身體像吃了一頓很滿意的晚餐，舒暢滿足。步出休息室，她繼續漫無目的向前行，那裡有個很大的圓型房間，素桑被裡面閃動著流麗的彩光吸引著，原來裡面還有個大水池，房間是開放式的連接到戶外與藍天白雲相接的海洋，她被彩光包圍著，素桑抬頭看見打開的屋頂有一條彩龍，這不是標本而是一條眞龍。龍身有大約十公尺長，身上的鱗片發出百色絢爛彩光映在水裡，它在屋頂徘徊飛翔，可是沒打算往天空飛，卻慢慢刻意低飛，在素桑頭頂飛過讓素桑看清楚它。

素桑想，中國人以前一定是見過龍，所有書裡所描述的跟這條龍都有點像，只是顏色不同。龍是什麼？爲什麼一直都在她們的傳統裡？它是地球的生物還是外星生物？素桑想起剛才依黎列達說過，龍是守護地球，也掌管地水火風的能量，而素桑看著彩龍總有老朋友的親切感。

彩龍的眼珠是渾圓黑色，它視線一直延伸到素桑的眼裡說：「格庫勒瓦（Gakulewa）是一個外星族群，在地球還沒有人類的時候已經在這裡居住，後來地球人出現了，對我們很好，建立了友誼。我們的星球在遙遠的十六次元亞拉架馬星，以前我們會往返自己星球，後來我們決定五條龍留在地球，除了我以外還有東龍、金龍、白龍還有一條草藥龍。很多年來我們跟地球人相安無事地生活著，也互相幫助成爲朋友，但在上一個文明之後，特別是最後一百年的地球人，他們不斷破壞地球：因爲私心污染水源，貪婪不斷而砍伐樹林，破壞土地；因爲慾望不斷殘害生命，因爲權力研發各種武器讓地球陷入危機。最重要的是，這一切加起來讓地球掉進一個萬劫不復的深淵。所有這些資源都是經過幾百萬年的調養才會有如此美好的，不到兩百年，地球人可能在沒有隕石落下的情況而毀滅，天氣變化、溫室效應、土地沙漠化、動物絕種、食物鏈改變、細菌變種、人類互相殘殺。這一切，我們爲了自我保護，漸漸離開人群居住，退到地下，然後隱居在這裡。這個博物館變成我們最後的天堂，我們變成神話成爲人們膜拜的對象。其實我們在地球一直都扮演著守護者的角色，只要有人願意幫助地球作出改變，我們是會盡力幫助他的。」彩龍很無奈地說。

彩龍讓素桑騎在它的背上，一躍飛往天上，素桑死命地抓住它，在雲海中穿插，她看到天空有四個太陽，從這裡下方是半圓形的博物館，素桑來不及問要去什麼地方就衝入海裡，但這水是乾的，看起來像水，摸的時候也是冷冷濕濕的，但當素桑整個人掉進水裡的時候它是乾的，彩龍很享受地一直在水裡前進，「我們剛來的時候常常在天上飛，特別是愛在閃電霹靂、狂風大雨的時候翱翔，因爲這個天氣跟我們的家鄉太像了，而我們特別喜歡讓雷雨打落一身的感覺，我們的鱗片如果太乾會不舒服，暴風雨和雷讓我們精神一振。以前的人見我們在風雨中咆哮，就跪拜我們，讓我們停止風暴，其實我們星球科技很高，可以控制天氣，所以我們有時也就使風調雨順。有一些地球人就開始膜拜我們，把我們神話化了。然後草藥龍身上帶著所有在我們星球和地球上曾經出現過的草藥，只要有人願意，是可以找到很多治病的草藥再加以培植的。」說罷，前面突然有海豚經過，正確來說其實是能跟海豚一樣暢泳的海豚人。

「海豚是地球以外的生物？」素桑問彩龍。

「是，這是原本的海豚人，只是後來它們到了地球，選擇放棄在陸上行走。」彩龍說。

素桑不停地追問彩龍有關海豚的事，彩龍說：「你先慢慢看然後我再帶你見海裡的朋友。」

素桑發現在這個海裡是可以呼吸的，她太喜歡這個海洋了！

海底很漂亮，水很清澈，大片的珊瑚，各式各樣的的物種，大部分都是她沒見過的，有一條很大的八爪魚在揮動觸鬚，許多魚類竟有腳行走，可能由於這海沒有水，引力應該跟水不一樣。素桑明白了這是一個海底博物館，這些都是曾經在地球上出現過的海底生物，有一些已經在地球上絕跡，但這個地心海洋裡都把它們保存下來。

彩龍說除了自然災難和天氣變化，也是因爲環境和人心已不能讓他們居住，繼續住下來會危險。

「你看一看前面是什麼？」彩龍說。

素桑朝著那方向看，遠遠的好像是一條人魚，它很高興，出乎意料之外，人魚好像向著素桑的方向游過來。素桑看到人魚跟彩龍碰額打招呼，看起來有一點像西藏人的習俗，它來到素桑面前：「我叫馬爾都塔，是沙巴奈星九次元人。」

素桑微笑跟它點頭，仔細看它們上身是人，從腰往下是帶有類似鱗片的魚身和魚尾，尾部瞬間又可變爲雙腿，鱗片是粉色的，應該是一種滑滑的會發光的皮，隨著擺動會改變顏色，它的臉其實不是一個完全的臉，跟童話裡的有一點分別，是人和魚的合體，鼻子很塌或說沒有鼻子，眼睛有點圓，也沒有頭髮，好像是沒有性別的。它好像接收到素桑所想的說：「我們是雙性的，能隨時變也可保持中性。」

人魚一直跟著素桑前進，突然說：「其實我們見過的……」

7

亞特蘭提斯並沒有陸沉

……機爾木講了那麼多，終於說出今次請她們幾個外星族群姊妹來的原因，希望她們能幫助地球，找回失落在地球的宇宙知識之匙，這個就是當年它們為地球人所收藏的訊息。並指出她們就是最初訂立的人，所以那些訊息都有她們的印記，只有她們能解讀。

「我們見過？什麼時候？在夢中嗎？」素桑問。

「不是。有一次你爲減慢南極冰川融化做治療時，海裡的魚、海豚、鯨魚、精靈和我們人魚都出來協助發出頻率，讓冰川的分子結構改變，減慢融化的速度。那次行動我也在。」它說。

「是嗎？可是我當時沒有看清楚，只知道不同的族群來幫忙，感謝你告訴我，其實我很多時候接到指示，做完後也不知道所做的是否奏效，畢竟一切只在腦子裡進行……」素桑說。

「對，人類對沒有在三維度出現的事情都有懷疑，你已經做得不錯了，還是有懷疑嗎？」馬爾都塔說。

素桑說：「我依照接收的訊息去做，那是很直接的，並不是自己思維所及，有時候接收並不十分強烈，但時間到了就會依照指示去做。當然我也會考慮到所要做的事情有沒有違反一些基本的道德界限，譬如殺人，嚴重影響人和一切有情眾生等。雖然很難界定，可是還有一些自然律法可循。我會回顧任務所帶來的影響，縱然有一些要很久之後才會出現。像南極冰層的事不知什麼時候才會被新聞或科學家發表有關消息。現在你親自告訴我，太好了！我不需懷疑自己了，反正要經我來完成的我會做，有同道是難得的緣分，我們可以互相扶持、考證，不會覺得自己自說自話，失心瘋！」

馬爾都塔看著素桑意味深長的說：「對的，你們幾個姊妹能互相信任完成這些任務是很重要的，這樣不僅讓你們團結，也讓經過你們多生累世，在不同星球時所承諾的一起來完成，這確實是一個很難得的機會。」

素桑細想人魚的話，她們幾個以姊妹相稱的朋友，有著不同背景，來自不同的城市，風馬牛不相及：洛娃開水晶店，艾璣是跨國公司高層，汐卡是公務員，自己是鑽石商人，卻很自然地走在一起，彼此信任，集合了各人專長成了一股牢固的力量，可能地球人需要的就正正是這樣的力量。

馬爾都塔一直陪伴著前遊，可是大家都沒有再講話。水裡的生物目不暇給，顏色艷麗，有腳的大蛇，雙鰭能張開、骨骼內臟能被透視的魚、水底裡發光的螢火蟲……素桑突然聽到一種規律的音頻，它們像在說話，這種頻率很好聽，素桑感到前腦驟然膨脹，面前一群鯨魚游得越來越接近她的時候，她前腦的脹痛感越強。素桑想，這些頻率無疑是鯨魚發出來跟很遠的隊友交換訊息。

馬爾都塔忽然間說：「你不習慣他們的震頻，先呼吸，不要讓震頻集中在前腦。雖然這些震頻會開發你的前腦，但剛開始不習慣可能會有痛楚。」素桑說沒有痛楚只是有膨脹感。

遠看前面有一個光球，靠近時原來是個半圓的保護罩，通過保護罩，下面竟是個城市。它們進入海底城市，裡面沒有水，像月球上失去地心吸力地行走，然而素桑看到城市內的生物卻行走自如。

彩龍囑素桑把在地球的慣性思維調整一下：「想像你現在不受身體約束，就不會受引力和磁場所控制，你可隨心意移動。」素桑聽了便嘗試，果然就隨著意識而行……

「這是什麼地方？這個城市非常先進，車在空中飛行，大廈懸浮在半空，有很多管道，保護罩內的空氣非常清新沒有污染。」她問。

彩龍回答：「地球人所說的亞特蘭提斯，傳說中陸沉的城市。」

「亞特蘭提斯不是在地球陸沉的嗎？爲什麼會在一個地心星球的海洋出現？同時這裡起碼比地球先進二、三百年。」素桑有太多疑問了。

彩龍帶她見這裡的管治團體。它們飛到一座如紐約帝國大廈的懸浮建築物。

彩龍來到門前，突然變身，形狀轉移成亮麗的少女，還調皮地給素桑打了個眼色。它們走進空心的大樓，看到上下滿佈窗和門，光線從外投進來，一塊懸浮板來到它們面前，像電梯把它們帶到不同的樓層和房間，升到屋頂時才在一個房間前停下來。

與其說是房間，倒不如說是一個虛空的大廳，全是落地玻璃窗，外面景色一覽無遺，這是一個偌大的城市，高科技的繁華，零星的飛車，稀落的人口，這座政府機構裡像沒人，感覺很奇怪，就在這個時候，有一個中年男子走進來。

他自我介紹：「我是機爾木，很歡迎來到亞特蘭提斯。」

「這就是從地球陸沉消失的亞特蘭提斯？」她問。

「嚴格而言，我們並沒有陸沉，在我們整個城市快要被突如奇來的一顆超級彗星直接撞擊之時，我們用盡所有能量創造了一個渦流，把城市運到這個地底星球。當時很多人走避不及，逃不過那次災難，故此我們的人口比之前減少了大概一半。」機爾木說。

素桑告訴他曾經聽過很多關於亞特蘭提斯的傳說，但從來沒有聽過他們其實仍存在的。「那你們是 Mu 的後裔嗎？」素桑面對解開這個千古之謎感到興奮。

「不是，我們不是，我們和他們是差不多同期的地球人。教導我們的是兩個不同的星族，教導 Mu 的是一個熱愛大自然的星族，他們教導 Mu 農耕，如何與自然溝通保護地球，你們地球上亞馬遜河土著是 Mu 的後裔。其實『Mu』也是在那次彗星撞擊地球時消失的，而教導我們的星族是具備較高科技文明的，他們教導我們高超醫療技術，向我們解釋宇宙的能量，善用水晶和鑽石，以及如何使用能量打開渦流和其他星族溝通。」機爾木回答。

「哦，明白了，由於他們所傳授教給你們的科技，你們逃過那次浩劫，爲什麼你們沒有救 Mu 的人呢？」素桑說。

「當時情況太危急，我們連自己的人都救不了，哪能去救他們，我們最後只能輸送一些救生包給他們，其中包括一些能防輻射、防雨防塵，備有食物的救生船，那些船整個密封，我想他們有些人是留下來的，不然也不會有亞馬遜河的後裔。」機爾木推說。

「那麼你們有沒有後裔在地球？古老的埃及人是不是你們的後裔？」素桑興致勃勃地追問。

「埃及人並不是我們的後裔。很多研究新時代的人普遍認爲，埃及人是亞特蘭提斯的後裔，其實他們是被救生包救活的那些族裔的後裔。從亞特蘭提斯文明到埃及文明中間確實還有幾個較小眾的文明。而這些文明也包括被天狼星和獵戶座所教導過的族裔。」機爾木的回答，推翻了素桑過往的新時代知識。

「那金字塔是怎樣建成的？」素桑似代表了幾千年人類在發問。

「埃及的金字塔和獅身人面像並非埃及人所建，跟埃及人也沒有關係。埃及人是後來學習了在金字塔內留下的訊息。地球上的金字塔和獅身人面像比亞特蘭提斯還要早很多。你之前在博物館內不是聽過地球曾經有四個比較長的文明，平均每個有十二萬年嗎？有一些在一百萬年前已經存在。金字塔大概在四十到五十萬年前由宇宙聯盟所建，目的是要讓地球能加入這個聯盟，幫助地球能直接跟其他星族聯繫，使地球能得到其他星族的支援得以發展。在這個銀河系裡，地球是一個比較新的恆星，當時很多星球對它虎視眈眈，宇宙聯盟覺得保護地球的最好方法就是讓它加入聯盟，那麼大家就可以一起照顧地球。

當時有一部分的星球採取中立，有一部分答應幫助，而當然有一小部分對地球另有所圖，所以宇宙聯盟訂立了一個規條，把地球界定爲自由區域，那時說：一，地球必須是由地球人主導，其他星球只可從旁幫助不能干預他們的發展；二，其他星球不能對地球發動戰爭；三，他們不能與地球人交配；四，不能挖取地球資源。

當時宇宙有一百二十一個星人自願到地球助建金字塔，和一些基本建設如星門、地下渦流，與其他星球連接的蟲洞等等。你們四姊妹都是當時有份參與的星人。」機爾木講了那麼多，終於說出今次請她們幾個外星族群姊妹來的原因，希望她們能幫助地球，找回失落在地球的宇宙知識之匙，這個就是當年他們爲地球人所收藏的訊息。他指出她們就是最初訂立的人，所以那些訊息都有她們的印記，只有她們能解讀。

「只要你們完成這個任務，我們會幫助你們重返星球，不用再流落在地球。這個訊息是宇宙聯盟透過我們發給你們的。只要你們答應，宇宙聯盟會跟你們聯繫。」它明確地開出條件。

「我想應該沒有問題，讓我們商量一下。」素桑的回覆雖然平靜，但對機爾木的要求確感意外。

8

是我／不是我——星族地球人

……心輪就像一個無底的抽屜，會把我們拉到深淵，當現實碰到事情就成了一個激發點，一發不可收拾。這樣循環了無盡期的生滅，大抵也就是輪迴的本質。可是這個本質不只限於人類，外星種族如果一旦到了地球，當上地球人，也會跟著這個模式。

「素桑，你醒了嗎？你已經在這裡坐了兩天兩夜，你覺得如何？」素桑朦朦朧朧聽到有人說話，但她的嘴巴張不開回答。她的身體很沉重，只聽到轟隆轟隆的聲音包圍著意識，魂魄還沒歸位，一把熟悉的聲音不斷地呼喚她的名字，彷彿在宇宙和這個世界間游離。一切是那麼遙遠，她甚至無力張開眼睛，素桑聽到有人在喃喃，但究竟身在何方？不是在亞特蘭提斯嗎？自己像一顆溶掉了的軟糖牢牢地黏在地上，沒有一絲力氣，素桑決定放棄思索只是靜靜地躺在這裡。

過了一會又聽到有人在喚她的名字，好像是艾璣，素桑的身體仍僵硬，雙腿失去感覺，艾璣說：「你還是盤膝的狀態，要把腿慢慢地拉開。」可是腿沒有聽素桑的指揮，一直麻痺著，艾璣協助她：「慢慢地躺下來，把腿拉直。」素桑躺了好久才能把腿慢慢分開然後伸直，整個人很放鬆地躺在地上，她們用棉花沾水敷在她的唇上，再慢慢地把一些滴在她嘴裡，艾璣告訴素桑，她已經坐了兩天兩夜了，沒動彈、沒喝過水、沒吃過東西，也沒上過洗手間，還好佐治在車上把毯子、帳篷都拿來，一直守護著素桑，恐防有動物來打擾。還好，她終於回來了。素桑想睜開眼睛可是陽光太刺眼，她揮一揮手示意，表示安好。

艾璣替素桑戴上太陽鏡，她慢慢把乾澀的眼睛打開，把濕棉花放在她的眼上。如此過了一會，素桑感到「我」的意識回來了、身體的感知回來了。她想，除了有一點虛幻，但大部分的「我」已經回到地球。她睜開眼睛，景象變得很明亮，面前的自然，山、草、花、人都圍著光環，是各種顏色的光環，她想這就是他們的體光（Aura）。素桑以前看體光要用內觀的眼去看，現在就像跟平常看東西一樣，隨便都能看到。

艾璣沒有講話，素桑看著天空，感受山的氣息、泥土的氣味，傳來一種頻率，這個頻率跟她的心是相應的。一切很寧靜，她在聽的頻率慢慢地把她包圍，並感到身體的頻率慢慢跟著，然後和這個頻率打成一片。

素桑的心跳、呼吸、血液和骨髓都跟著這個節奏在移動起伏。當一切融和，她的心輪出現了一個圖像，很像一個 Sri Yantra 的圖像，可是它不是平面三維的，它能層層開合，圖像也能逆轉，所有都是跟這個頻率連結，它同一時間能以多種圖像出現，身體在處理不同環境時圖像也會隨之改變。她聽到一串聲音說：「你現在跟地球的心輪連接，同時亦跟宇宙的心輪連接，慢慢地當你的三維身體調教好，你便會感受得更多，可以隨時回來這裡接收高次頻的能量，調整你自己。你們這次的任務關乎以後地球能否承接已經失落的宇宙知識，重新連接宇宙能量，希望地球人能有機會以宇宙的心來守護地球。」

素桑突然看到所有事情的圖像了，就像別人說看到了很多前生的事情。前生對人來講很重要，也可以說很不重要，每個人多少總會有些前生吧！它們當然也會影響著我們，很多人曾經對她說，她以前是大祭師、是皇帝、是妃嬪、是將軍、是和尚，在山洞裡住過，是修行人，一切一切不就是鏡花水月嗎？是在一個夢跳到另一個夢。今生的夢、前生的夢、星際的夢，但當她確認了某些前生的記憶時，便會找到現世一些問題的答案。

大前提就是我們接受有前生的這個觀點。姑且不論你的前生是什麼，你必需親身經歷，別人說的是不相關的，因爲只有自己的身體才能感受到這種能量轉換，只有自己才能明白內心世界的明晰，並不是因爲黏附著某個事件，而是因那些影像而引起的內在反應、心識的流轉。

有些事情人們必須要看清楚了，感受到了，明白了才能放下。我們也許都當過皇侯將相、皇后妃嬪、飯夫酒卒、憎侶、薩滿、土人、老百姓，過著普通的生活，然後嚐過人間的情愛、生離死別、愛嗔恨苦。一切一切當我們看的時候都只是一頁頁的畫面，然後一晃眼就是一生。記得的就是其中的感覺漸漸堆積在我們的心輪，越來越重。

心輪就像一個無底的抽屜，會把我們拉到深淵，當現實碰到事情就成了一個激發點，一發不可收拾。這樣循環了無盡期的生滅，大抵也就是輪迴的本質。可是這個本質不只限於人類，外星種族一旦到了地球，當上地球人，也會跟著這個模式。當然這些外星族群只是寄居在地球，或爲了做研究，又或是來續命。另外有一些很久很久以前來到地球，教地球人曆法、天象、醫藥和生命的知識，後來他們留下來繼續幫助地球，慢慢他們跟地球人同化了，自我意識減弱到只剩下一絲薄弱的記憶，在過往幾百萬年裡有很多這類型的星族地球人，所以只要讓它們連結地球和宇宙的心輪，讓它們潛藏的記憶能夠復甦。當它們再一次和宇宙神聖的知識相遇，就能完成它們對地球原來的承諾，也就可以返回自己的星球。

這些星族地球人有一個共通點：它們都會覺得想要回家，而家是很遙遠的，往往看到星空就在想歸家的路。它們之中很多在地球裡用各種方法回家，於是也會對宗教發生興趣，特別是能讓它們感到能脫離這個輪迴大輪的，讓它們能回到安心之所。

其實星族人也是有靈性追求的，不是所有星族人都享有很高的靈性生命，他們也在學習。星族朋友在地球走一趟比在他們自己星球修幾百萬年還好，因爲生離死別、愛恨交纏、貪嗔癡，在一生就能經歷。有些星族人就像我們說的「天人」，已經沒有老、病，死也是要經過幾百萬年才會出現一次，所以他們不會想去修行，因爲生活太舒適，但只要來到地球，他們才會學懂珍惜這些修行機會。

還有，聽說有一些是被派來考升級試的，當然和地球人的不同：

第一，考生需要自願報考。

第二，考取什麼科目也可自由選擇。

第三，考生也可自行選擇地點。

那爲什麼有升級試？那是因爲很多星球本身的制度十分完善也容易耽於逸樂，在星球內不能眞正考驗到考生，譬如說：無論你是哪個星球的人，來到地球這個三維世界你大部分的超能力／法力也會喪失，你不能飛、隱形、不飢、不渴……你要用自己眞正的能力去面對困難，尋回自己和源頭的聯繫，學習愛和信念，我們稱這些考生爲天師。

他們考試或完成任務，回到星球晉升到更高的職位，當然也有考不過而滯留在地球的。然而考試是沒有時間性的，只要所屬的星球覺得可以就可以把天師召回。

不同的星球有不同的制度，他們來到地球也會傳遞不同的訊息，或許地球上的宗教原本就是不同星族到地球後所創立的，接受他們頻率的人在死後就會被他們星球的頻率所吸引，當然要很純淨而堅信的人才能回去，其他又會不停

制的，不論那是意外、危險、生病、死亡或突如其來地去了地心，又或其他星球，所以活著的時候就要好好地善用每個當下，不能再胡亂度日或只埋首無甚意義的工作、手機、電腦、電視節目裡，這些東西會蒙蔽我們的心，讓我們消失在茫茫的外在誘惑裡，到死那一刻也沒有眞正花過一秒在當下。這樣人類的意識只會每況愈下，沒有辦法提升。當聽完了故事，她們都知道去建造這所學院，讓神聖而古老的知識繼續延續是很重要的，同時要把埋藏這些知識的鑰匙找出來，開啓這些遠古的寶藏。人類的由來，世界的創始，回家的路，與星族的關聯，這一切一切才是眞正的寶藏，沒有這一切我們都活在黑暗中。

她們整理了一些心中的疑惑，並開始等待指引，看看會被指引到那個地方。不像旅行團的編排行程，因爲她們被帶領的每一步都緊扣，她們只能知道大概要往哪個方向，但如何尋找、如何完成，都是要順著能量的指引。

她們商量後，決定第一站是埃及。她們過往都各自去過埃及，也有不同的經歷，這次汐卡和素桑一起去，她們相信到達後才可以找到下一步的線索，於是她們便整裝待發，各自訂了機票在開羅見面。

9

回到開羅尋找金字塔的終極迷思

……金字塔的錐形有把地底的能量抽上來的作用，通過金字塔內部的能源轉化，讓能量可以儲在尖頂發射，啟動在金字塔上方的星門，這個金字塔連同星門的整個模樣，清晰可見，同時在藍圖上依稀看到地球上有很多個星門，像秘魯的馬丘比丘（Machu Picchu）、墨西哥的特奧蒂瓦坎（Teotihuacan）、西藏的岡底斯山（Mt. Kailash）、南極、美國的沙斯塔山、以色列的耶路撒冷、土耳其的亞拉拉特山（Mt. Ararat）、約旦的月亮谷（Wadi Rum），還有很多其它能量點，有一些是沒有固定位置的可隨時召喚開啟，當星門啟動的時候可以連接地球其他的星門，以及這個宇宙或其他宇宙的星門……

飛機降落的瞬間，素桑突然被四面八方湧進來的能量充斥，心打開了。這是素桑第三次來埃及：第一次是二十多年前，當時走在街上，她總覺得面前的並不是眞正的埃及人，而她，彷彿認識眞正古埃及人，或許他們的靈魂並不屬於古埃及。

現在的機場很先進，但走出去的空氣卻有點混濁，又回到這片土地，黑黝黝的人群還是一樣，臉上都是一層厚厚的灰塵，唯一不同的是，會用中文和街上的東方人打招呼，埃及博物館裡面擠滿了中國遊客，時空似在轉移，這個曾是西方國家最喜歡的遊樂場，現在由中國人接力。單是二〇一七年頭五個月已經有十八萬中國人來埃及，比起二〇一六年同期來埃及的人數增加差不多近倍。

素桑跟一位當地開旅行社的朋友穆罕默德約好在機場接送，汐卡早已在酒

素桑還記得本來訂好的航班在起飛前幾天被通知取消，所以她必須單獨在埃及多留一天。當時素桑知道一定有一些任務要完成，素桑終於接收到信息，第二天要一早到金字塔。素桑依指示前往，當天是星期天，除了遊客還有很多本地人在金字塔野餐。天氣很好，只是有一點冷，卻有陽光送暖。素桑的導遊朋友哈里施早就提醒她不要帶多餘的錢，帶夠入場費和乘馬車的錢就好了。

酒店在金字塔旁，走路不需要五分鐘便到達了。素桑依從聲音的指引，坐上馬車去第二個金字塔，車夫說這個金字塔不是常常開放，但今天開了。她進去繞了一圈，有衝動要乘馬車直奔獅身人面像，而那大門有很多人，各種遊客，賣紀念品的小販，大旅遊車、公車、小汽車、馬車，四面八方都是人，頭頂是猛烈的太陽，素桑已經感到頭暈，她離開人群，走到獅身人面像旁休息和等待再進一步的指示。

那時，有聲音對她說：「這裡曾經是地球最平衡的地方，當時是大樹林，有河流，泥土濕潤，各種花樹果樹隨手可摘，土地裡呈現自然生命之花能量圖，這個能量圖讓整個埃及（當時並沒有名字）甚至旁邊的地方都得到充沛的能量。」素桑彷彿看到有一艘飛船從獅身人面像往金字塔的路上左面的小山降落，船上有很多人形及非人形的生物，帶有頭盔，他們是銀河聯盟派往地球建立星門和連接站，以幫助地球的能量提升，也讓獲得許可的星際飛船降落。素桑看到船上來自不同星球，大概有幾百個星人，有一些甚至來自不同的宇宙，聲音對她說：「你曾經是它們的一份子，老遠地來到地球執行任務。」

素桑還見到他們用聲頻和能量建成金字塔，有些影像跟電影《哈利波特》裡的差不多，只是並沒有使用魔法棒。大家站在一起，舞動雙手，聲頻從裡面振動出來，石頭就升起放在適合的位置上，那些聲頻非人類耳朵所能聽到，不單能搬動重物，還可以把人或物件的分子改變。一切物質都能改變重組，三維世界裡沒有不能改變的東西，有形無形的都是震動的頻率，充斥在宇宙周圍的原子、分子、質子都是不斷震動的頻率，只要我們能掌握突破震頻的頻率，就能改變所有東西的外貌。

飛船的隊長有人的形象，年紀比其他人大一些，他看著整個金字塔的藍圖，這個藍圖是以3D立體影像開展出來，素桑看到的藍圖複雜而大，比地球的金字塔大很多，他還說金字塔要建在這個地方是因爲這裡是地球能量的樞紐，土地下都帶有能量線，這些能量線貫穿整個地球並在地下建立能量網，就像我們身體的血管一樣流經全身；但能量線更像氣脈，能量點就是脈輪。如人身有七大脈輪，地球也有相應的地方，能量最大的地方可以形成渦流，但這些地方儘量不爲人類接觸，比較強的就可供人類作爲接收能量跟宇宙溝通，這些地方千百萬年都被用作神廟、祭壇和靈性活動的中心。

其實當時金字塔選址的地方是一個大樹林的中間，有點像熱帶森林，當然那個時候地球根本就沒有太多人，也不會出現人群干擾這個裝置的情況。當隊長打開地下圖時，可以看到地下有一個很大的旋渦，這就是渦流。

原來金字塔的錐形有把地底的能量抽上來的作用，通過金字塔內部的能源轉化，讓能量可以儲在尖頂發射，啓動在金字塔上方的星門，這個金字塔連同星門的整個模樣，清晰可見，同時在藍圖上依稀看到地球上有很多個星門，像秘魯的馬丘比丘、墨西哥的特奧蒂瓦坎、西藏的岡底斯山、南極、美國的沙斯塔山、以色列的耶路撒冷、土耳其的亞拉拉特山、約旦的月亮谷，還有很多其它能量點，有一些是沒有固定位置的可隨時召喚開啓，當星門啓動的時候可以連接地球其他的星門，以及這個宇宙或其他宇宙的星門。

素桑還聽隊長的解釋，星門其中一個用途是接送不同星球的訪客，另一個用途則是讓地球通過星門而提高本身的能量，這些高能量渦流也可以把人類的覺知提高，讓他們能不斷進化，臻至宇宙合一。其實當時集合各個星球的科技水準來建個金字塔就像砌積木一樣，金字塔的難處不在建，而是怎樣把資訊留給往後的地球人。

素桑聽著，不知自己在這裡到底要幹什麼？聲音在這時給她準備了答案：「你去把整個地下能量圖修復好吧！剛才看到在金字塔的地下有一個 3 D 十二面體（Dodecahedron）再加一個 3 D 生命之花，它們不斷地循環開合，把地底的能量不停地提升到金字塔內，然而這個能量圖已經被毀壞，現在這個星門已久久不能用，連帶的是整個地方的能量也在下降，人類也因爲得不到這些能量的滋潤而不能提升。」

素桑聽完不知可否：「我何德何能可以修復這個能量圖？爲什麼要找我？誰有能力把能量圖破壞？」

聲音再響起：「剛才不是已經告訴過你，你跟來地球執行任務的宇宙飛船星人本屬同類，也就是說你本來就是始建者，所以由你來修復是當下最適合的人選；再者，能量圖會因地殼變動、板塊移動而出現偏差，當然這地下能量圖的確是被刻意破壞的，但現在我不能告訴你是誰做的，你現在只需要把能量修復就可以了。」

「天啊！我怎麼知道要做些什麼才能把它修復呢？」素桑很迷惘。

聲音再給她定心丹：「你只需要依著你內在的指示做，你本來就是始建的人，所以你身上有這個藍圖，你也會知道該如何做。不要懷疑，只要相信你所見所感就可以。」這個時候，有個牽著駱駝的人問他：「要不要跟駱駝拍照？五塊美元。」

素桑答：「不需要，我沒錢。」

他竟說：「不收你錢，拍一張吧！」

「不需要了，謝謝！」素桑沒有等他回答就趕緊跑了，避免跟別人交談會影響接受訊息。

沿著獅身人面像到大金字塔，也經過了第二和第三金字塔，素桑感到要從大金字塔開始。她的右手不由自主地放在身旁不斷地在打圈，素桑其實是一直圍著金字塔慢慢走，一直往地上在打圈。她沒有問爲什麼在打圈，只是跟著能量的帶領而做。有時候碰上搭訕的人，有一個人走過來跟問她：

「你在冥想嗎？」

「沒有」素桑回答。

「你在冥想！」那個人堅持地說。

「你爲什麼會這樣說？」素桑問他。

那個人看著素桑眨一下眼睛：「我看到了，也感覺到了。我能跟你一塊行嗎？」

素桑想打發他走：「我只是在金字塔旁圍著走沒有什麼特別。」與此同時素桑聽到聲音說：「他是來保護你的。」於是素桑就沒有再說什麼。那個人有時會問素桑繁鎖的細節，如你從哪裡來？來了幾天？去過什麼地方？結婚了沒有等等的問題，她也就禮貌地一一回答。他有時候也是很沉默地走在她身旁。

早上出來的時候天氣很暖和，可是素桑走著走著，氣溫開始下降，而且天色灰暗起來，在野餐的本地遊人相繼離去，金字塔旁的人越來越少，似有天助，突然間風雲變色，氣溫突然降了十度，天完全黯淡下來，風颳得很大，風沙迎面襲來，素桑好幾次被吹得站不穩腳，她帶上手套、帽子和圍巾，還是繼續在疾風中前行。

跟她一起走的那個人說：「停下來休息一下吧！」素桑不肯，其實她不是不想休息，而是有一股力量推著她繼續，素桑也只能隨著指示繼續向前。走不了兩步竟然就下起雨來。一月份的埃及怎會下雨？那個人給素桑撐傘，雨雖然沒有很大，但風卻凌厲，素桑被風雨打得半濕，而遊人現在都走光，風雨像爲了什麼事發生來負責清場，金字塔突然變得很安靜。素桑走完大金字塔繼續往第二和第三個金字塔前進。手已經冷得僵住，喝著保暖瓶所剩不多的熱水，素桑還是鼓起勇氣、咬緊牙關，希望能在關門前把事情做好。

雨停了，她在第二和第三個金字塔遊走的時後，那個人說：「我等一會再來找你。」他走了以後另外一個小販走過來，素桑告訴他自己身上沒有錢，不過小販還是很友善和她一起走。素桑覺得奇怪，他們都像輪更的護衛。

素桑的手一直保持這個打圈圈的手勢，好像是要把整個金字塔區的能量修復調整一次。來到第二和第三個金字塔中間的時候，一個穿阿拉伯裝束的本地導遊跟她說：「我可以帶你去看最原本金字塔所用的藍石頭，現在你們看到的都不是原本用來起金字塔的石頭。」

素桑對他說：「我沒有錢可以付你。」

阿拉伯導遊竟說：「沒關係，就帶你看一看。」

素桑最初有點遲疑但仍跟他前往，要進去了無人跡的地方她變有戒心。導遊好像明白她所想：「裡面有人的不用擔心。」看完後，他告訴素桑從第三個金字塔後面有一條通道可以通到大金字塔，只是現在已經關門，但他還是帶她去已經上鎖的門口看。

素桑看到第三個金字塔旁的景色很美，從這個角度看外面就是無際的沙漠。一種滄涼撲到心坎，跟在森林裡的金字塔對比很大。當素桑在第二、三個金字塔做修復的工作後，筋疲力盡，正在想：「我完成了沒有？」突然間剛才那個小販又出現，並給她一個小型金字塔，素桑再次強調說自己沒錢，小販卻說：「是送給你的。」當素桑正想推辭的時候，聲音說：「這是給你的禮物，代表你已完成今天的任務。」素桑怔一怔，滿心歡喜地道謝。

他好像比素桑更高興：「希望你下次再來。」當素桑回到酒店的時候，人已經完全癱瘓，泡了個熱水澡才能把自己解凍，躺在水裡不知人間何世。

◇ ◇ ◇

從機場進城的路上，所有以往發生的事和感覺又回來了。現在素桑再一次坐在大金字塔旁的的戶外水池咖啡廳，汐卡早就到了喝著薄荷茶。

大家整理一下思緒，素桑說：「明天還是先去獅身人面像，我覺得要找的東西就在那裡，或最少可以在那裡找到線索。」

汐卡喝了一口茶說：「對呀！不是說獅身人面像下面有個密室，說不定我們要的線索就在那裡。」

素桑半開玩笑地說：「身體不行就以靈體進去吧！」

汐卡說：「只有這個辦法。」那天晚上她們還眞的再躺在房間的地上，可是素桑這次好像沒有什麼感覺，只是好幾次覺得有些在船上搖搖晃晃似的，人就像有點被抛出來的感覺，可是一會就消失了。她以為這是坐了長途飛機的緣故，所以沒有特別在意。

她們很早就睡了，明天不知道有什麼在等著呢！

3
7
6
8
9

10

銀河聯盟的星人會議

……這是一個門戶或可以說是一個由物質轉化到靈魂層面的通道，這個通道是非物理性的，往往是透過神識轉移或提高才可以到達，裡面蘊含生命最根本的知識，並教導人如何能看清生命這個幻象並從中超脫，進入更高階的生命實相。

汐卡和素桑天還未亮就醒過來，哈理斯替她們安排了早上四點三十分進入金字塔。

「昨天晚上做了一個夢，夢裡有一隻很大的鳥，全身的羽毛是金色的。牠在大地飛翔，穿過山川湖泊，在藍天白雲中滑翔，我感覺牠的心包含萬物，天地的慈愛孕育了牠，我跟隨牠飛，看到地球的日出日落，潮漲潮退，萬里雲海，我從來沒感受過地球是如此美麗壯闊，而生命是如此卑微，在宇宙之下人類只是一粒微塵。宇宙的一切皆有規律，這個規律無人能改，就像恆星運行，生老病死。我一直跟著牠飛過很多神聖的能量點，這些地方在牠的眼中有著不同的顏色，像能量不同呈現出來的顏色。這些顏色代表什麼？我沒有機會深究，但在牠的眼裡，地球就像一幅梵谷的油畫，還有在地下不同的能量圖案在金鳥的眼中都能一目了然。」汐卡憶述她的夢，她跟牠飛了一晚，現在還覺得自己在雲端。

「厲害！你免費飛了一晚，還能看到地球不同的能量點和顏色，下次儲夠錢環繞地球一周的時候找你當嚮導。」素桑打趣道。

「是金鳥能看不是我……」汐卡笑著說。

「我看現在這個能力已經傳遞給你了！」素桑說。

天還沒亮，抬頭倒仍看到一個半圓的月亮，十月埃及的天氣，中午是挺熱的，但半夜裡還是有點涼意。下車的時候漫天星宿，大金字塔像時間停頓了的大鐘，巍巍聳立在這沙漠的邊緣，它象徵了一個人類千百年來不能揭開的謎團，也遺留了地球早就有別的星球來訪的證據，只是所謂正統的科學家、考古學家不能接受在地球以外有生物曾經到訪教導地球人，連帶把他們特別留下來的證據也一併歸功於地球的古代智慧，如果地球人在幾千年前就擁有這個科技，今天的地球人應該可以到別的星球隨意旅遊居住，對宇宙有更深層次的了解，早就能解決糧食飢荒、能源不足、溫室效應、氣候反常的問題。

哈理斯帶她們沿著石梯進入大金字塔，一直往下走，經過樓梯、斜坡一直走到國王墓室（King's Chamber）。這個地方其實沒有很大，在房間的前面位置放了一副石棺，這副石棺的位置曾被移動。以前有些人說當你進去的時候，石棺會在右面，現在她們來到的時候，是在正前方約三分之一的位置，可是這個石棺的位置當然也並不是原來的位置，雖然埃及政府很努力地把曾經被移動過的痕跡抹去，但仍可找到蛛絲馬跡。相信他們把石棺移開的原因有二：一，這個本來就不是棺材，而是一個讓人能修煉通過類似死亡經驗而達到別的層次和維度，進而可以回到自己所屬星系的地方，或經修煉後和你能量吻合的星球或維度。二，如果人們接受金字塔是一個用來吸取地下能量、儲存並通過金字塔本身的結構來激活塔頂的星門，那麼你看看這個房間所處的位置，就是中間的一個緩衝點，同時這個點的作用，就是可以把人或其他星人的質子改變，使身體去到別的維度或激活星門去到指定的星球。

埃及政府之所以要把石棺移開，是因爲以前有很多人試過在石棺躺下後，卻在地下的另一個房間出現。那些人都不知道發生什麼事，只是發現前一分鐘還在這個石棺，後一分鐘就去了別的地方。

哈理斯讓她們在這裡逗留一個半小時。汐卡和素桑都感受到這個房間有很大的能量，但同樣的這能量好像被困著，形成了很大的壓力，汐卡躺在那個石棺裡幾分鐘後說：「什麼感覺都沒有。」素桑認爲這個不是原來的位置，於是她們慢慢地尋找原來的位置，終於偵查到一個能量不同的地方。

她們並排躺在那裡。整個房間只有一絲暗黃的燈光，她們躺在那裡感覺眞的很舒服、很鬆弛，整個人好像在一個能量搖籃中輕輕蕩漾，素桑努力地要把眼睛撐開但眼皮沒幾分鐘就掉下來，完全失去了知覺，不知過了多久，便醒過來，睜開眼睛四周漆黑一片，一點燈光也沒有，這顯然不是剛才在失去知覺前所在的國王墓室。

素桑不知道身在何處，身體也不能動彈，開始有一點緊張，眼睛慢慢適應了周圍的黑暗，便看到牆壁上的壁畫。她像是躺在一個很窄很長的地方，可能這個就是金字塔底部的井，她在那裡思考了很多事情：如果現在是處於一個正在死亡的狀態，身體動彈不得但「我」並沒有死亡，「我」的意識還清楚得很，並見到生前種種不曾記得但現在回首卻令素桑一生因而改變不少的決定。

最後一切歸於沉默……她不知道躺了多久，然後眼前充滿各種不同顏色的光，聲音說：「你可以隨著光去。」身體就突然可以活動起來，素桑隨著亮光飄移。素桑的身體沒有通過光卻被光吸進去，當她睜開眼睛的時候，素桑看到一個偌大而先進的會議室，中間有一張可以圍著坐幾十人的圓桌，裡面有些人的穿著像《星際爭霸戰》內的角色，它們穿著不同顏色的同類制服，可想像是爲了不同的功能組別而有的辨別，貼身的上衣，配褲或裙，整體來說是具規律，但無從分別性別的。也有一些衣服很寬闊舒適；有些是人的模樣、有些像牛頭、像水母、有一些有四雙手……一位綠色身形高大，頭有角骨的星人向素桑說：「歡迎你來到銀河聯盟的雅典娜號，我們是停泊在地球最近的飛船，今天很歡迎你來參加我們與銀河系各星球的會議。」素桑有點摸不著頭腦。

綠色星人繼續解釋：「這個行動我們策劃了很久，這次不只是你的意識來到飛船，我們借助了金字塔的力量把你整個人連肉體也傳送過來。」

「你的意思是我眞的在沒有坐火箭的情形下整個人連帶身體來了太空？那我來這裡是爲了什麼？」素桑驚問。

星人點頭道：「你的朋友在路上快到了，我們等她一起再解釋。」

會議室的門打開，兩個類人臉孔、全身白毛的星人把汐卡帶進來，她們重逢實在太高興了，雖然分開了只有幾個小時或幾分鐘，卻恍如隔世。汐卡的經歷大致和素桑相同。

星人的會議要開始了，與會者除了汐卡和素桑，還有叫尼可和默翰的，星人開章明義的說：「四位都不是本生地球人，是很久以前從他們的星球來到地球執行任務，後來因種種原因流落地球，現在你們的能量層面和身體進化層面只要經過最後提升就可以直接回到原生星球。這些關於地球的項目也是你們離開地球之前的最後任務。這些任務包括：

一、讓南極冰層的溫度降低，讓冰層融化減慢；

二、重新調整地球的能量線，將舊有能量清除，把新的能量線與點加上，亦要重啓地球人新的能量線；

三、將地球內部不同星球的舊有部隊和能量送走，並連接安頓新的部隊；

四、尋找宇宙之書和鑰匙，並讓人類能學習宇宙能量的多瑪學院重現。這些都是給你們兩個的任務，至於尼可和默翰是負責幫助她們重建多瑪學院的。」

綠色星人繼續向其他星人說：「那些需要離開地球的部隊準備好了沒有？至於那些要進入地球的請他們出示准許證，沒有准許證者將被遣返。到時素桑或汐卡會爲你們打開星門，接送你們的。關於Planet X也就是地球人叫的尼比魯行星（Nibiru），我們還要等科學家的報告看看能否改變其軌跡，讓它不會再次撞落地球。」

汐卡和素桑聽完了面面相覷，懷疑自己的能力是否勝任如此大型和複雜的任務……

星人明白她們的憂慮說：「第一，你們不一定需要完全完成所有任務，你只需要把當時派給你的那一部分完成，其他的自會有別的人會完成，所有任務在同一時間的地球不同的角落都有人在做，每一個人只須負責他那一個部分，只要每個人做好他的那一部分，大家拼湊起來就成一幅完美的圖畫；第二，你們之所以會負責這些任務，都由於過往千絲萬縷的緣分與承諾，所以你們必然是最適合的人選。好了！我想你們可能需要消化一下，你們慢慢休息一下再說。」

之後，兩個機械人把她們帶到另外一層的房間，汐卡和素桑有很多話想說但卻還沒完全接受現在的處境。素桑問汐卡：「從金字塔躺下來之後發生什麼事？」她也把在自己身上發生的告訴了她。

汐卡憶述自己一躺下，就有兩條狗/狼頭人帶我走，這個樣子應該是阿努比斯（Anubis），埃及的死亡之神，她想自己可能已經死了，但身體的感覺、精神狀態都很正常，沒有半點失神。它們拉著她一起飛到獅身人面像的耳朵，

攝影：A.Eisen

從耳朵進去，走過一條暗黑的管道，然後看到一個螺旋斜坡，它們像滑梯般滑下去，滑梯一直往下，暗黑的石牆就越發光亮。滑梯很長但很快就可到達底部，這個滑梯的乾淨流暢證明是經常被使用的。有強光包圍著她，她的眼睛一下子不能適應，再睜開的時候一艘太空船就在面前，裡面有很多狼頭人、貓頭人，最有趣的是有些如人樣貌的其實正面看也像動物，不知道這是否所有埃及壁畫的人都是側面的原因，如果它們畫正面，其實都是動物的形象，然而它們的手腳跟人類是相似的。

每個人都好像很忙碌，這裡中間有一張很大的桌子，上面是一幅一幅的星圖，都在不同的星圖上指著不同的點，這些應該是星球吧，地球不知道在哪裡，汐卡也不知道所看到的是否爲銀河系。她正自忖，有一個狼頭人走過來，穿了一條米色的輕紗裙子，把她帶到一個房間，房間很大卻空空如也，進門口被掃描過一次。那穿裙子的叫菲麗，歡迎汐卡來到漠依（Moyi）十一次元三七六恆星的飛船。菲麗告訴汐卡其實她並非來自地球，並從她的前額放射出一些立體影像，代表這些影像是一直埋藏在她的腦海卻從來沒有浮現過的。

汐卡看見明淨清朗、沒有人類也沒有被污染的星球，但天空上有三個太陽，有山川湖泊、森林海洋，也有一些建築物，宛如一個小城市，尖型的屋頂很是高聳。那裡的類人形態的生物個子高䠷、淡藍色的皮膚像是通透的海藍寶石，他們好像生活得很愜意。整個星球的地底都是晶石，它們能善用各種礦物晶石，從中抽取能量用作電力、飛行器和一切生活所需。突然，整個星球被外來的隕石（Meteor）撞擊，半個星球被燒毀，剛才所見的美景完全毀於一旦，濃煙密佈，很多人在逃難，部分人被指派到別的星球尋找救兵和適合他們遷徙的地方。當時汐卡是飛行員，指令是要在宇宙中找到適合遷移的地方。

漫長而孤獨的旅程開始了，不知流浪了多久，也好像到過很多個星球，可是都沒有找到合適的地方，有的是氣候環境不宜居住，有的有很兇惡的原居民，有一些太遠，總之一直沒有找到，直到遇上地球。當時地球已經有人，也有其他星球的人在這裡居住，最重要的是，這個地方跟它們的原星球很像，地底也有豐富的晶石礦，於是汐卡向星球發了訊息，通知它們遷移過來，由於當時汐卡已經漂流了很久，生命因為沒有原星球的晶石能量，終於在地球經歷了第一次死亡！但汐卡不是地球人，所以靈魂能夠保存記憶，時間越久記憶就會越被埋藏，只有原星球的太空船來到，就可以幫助靈魂恢復記憶，然後還見到自己當人類時生生世世的經歷。

汐卡看完之後，很懷疑自己的星球到底有人來到嗎？他們有沒有活下來？

而菲麗告訴她，當時她所屬的星球一半人口死了，後來過了很長的時間，又慢慢地復甦過來，他們有嘗試找她，可是她和飛船已經失去聯繫，雖然最後他們還是有找到，可是她已忘記了自己眞實的身分。然而神聖的大能卻一直把她照顧著並提升她的能力，她亦一直接受他們委派的任務。

汐卡問菲麗，她還能回去嗎？菲麗說當她完成這一生的工作，通過他們訓練她的死亡程序，就可以重返星球。

菲麗說獅身人面像的底部有亞曼提殿堂（Hall of Amenti），這是一個門戶或可以說是一個由物質轉化到靈魂層面的通道，這個通道是非物理性的，往往是透過神識轉移或提高才可以到達，裡面蘊含生命最根本的知識，並教導人如何能看清生命這個幻象並從中超脫，進入更高階的生命實相。這裡也有托特大師（Master Thoth）、宇宙之書，也就是通往亞曼提殿堂的路徑，菲麗還說托特大師就是她們的老師，汐卡說她之前也有接收過卻不懂開啓。

托特大師不是汐卡星球的人，他是所有星球的老師。在宇宙裡有很多個老師、揚升大師和天使，當然也有地球人所認識的神，但地球人對「神」這一個詞的應用是比較濫，「神」一詞純粹是一個地球宗教詞彙，很多地球人以爲的「神」其實只是一些有能力的外太空來訪者，不知道後來爲什麼會變成了「神」。眞正的源頭不是一個有形像的人或物體，是宇宙本源的能力，無始無終，宇宙的一切包括星宿的運行軌跡，恆星生滅都是這個本源能力所衍生的，這個能力並不會監察也不會控制。

本源就是一切知見所包含和未被包含的，一切都有本身的法則，只有這樣一切才能共存。所有星球都會有它們的規則，但所有星球必須遵守宇宙的法則，這就是順應自然，宇宙的自然，本源的自然。

汐卡當時雖不十分肯定菲麗所說的，但總覺得這些概念會越來越清晰。她

爲人類最親密的聯繫。」汐卡說。

「我對你所說的感同身受，原來我常常覺得很累，不只是因爲做人做得太久，而是離開自己的星球太久了，沒有原生星球的連結。另外，看來是考驗我們信心的時候了，不是每個接 job 的人都身家豐厚，不愁衣食的，不要墮入思維的圈套，讓它自然顯現吧！」素桑回答。

兩個星人給她們端上兩杯金黃色的液體，素桑問：「這是什麼？」星人說是光能量補充劑，喝了就像直接喝了能量光一樣，也可以調整身體延緩衰老。他們都會喝，這樣在睡覺的時候就可以重新修復身體，故此他們不會衰老。

素桑嗅了一下這杯光能量補充劑，卻沒有聞出味道，不冷不熱，想了想一飲而盡，汐卡也跟著喝，喝下去從喉嚨開始像被果凍滾過般，一種滑溜的感覺，然後全身發熱，每個細胞都像在撞擊。她們第一次喝所以反應尤大。

星人叫她們躺在休息板上，而休息板就是一張透明床，並替她們調好程式。汐卡和素桑躺在上面不到三秒鐘就失去了知覺。

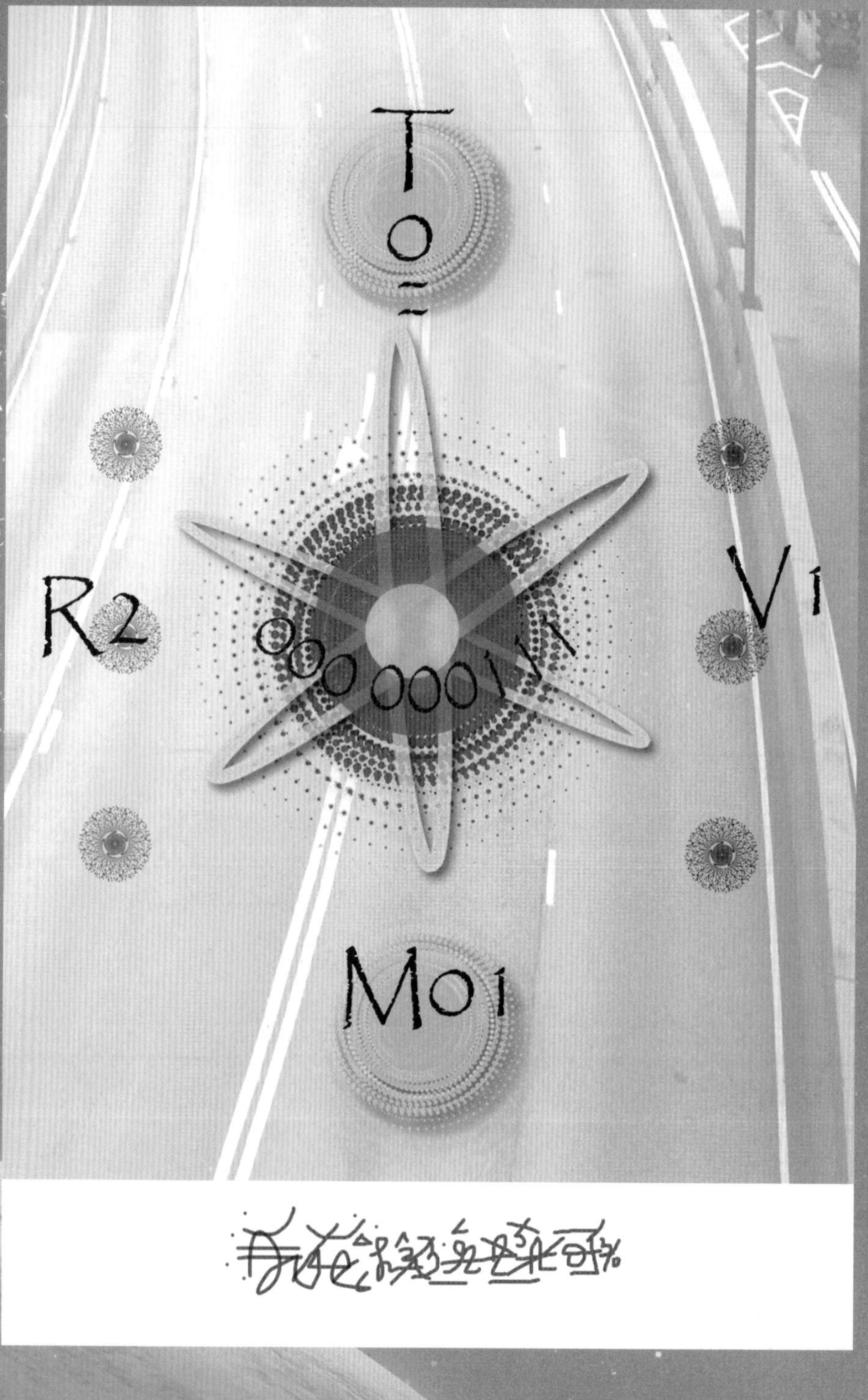
To
R2
V1
Moi

11
外星人在中環

「一切不是注定要發生的，無論你怎樣嘗試也是不會發生。
一切注定要發生的無論你怎樣阻止也是會發生的。這是必然的。
所以最好就是保持沉默」

——室利拉瑪那．馬哈希（Sri Ramana Maharshi）

洛娃本來訂了到峇里島的機票，但這幾天阿貢火山不停地冒出濃煙，噴出火山灰，峇里島機場關閉，很多旅客滯留在機場，也有一些坐八小時的車到登帕薩（Denpasar）坐飛機，所以最後取消了行程。「路透社」報導，被峇里島視爲神山的阿貢火山，上一次重大噴發是在一九六三年二月，當時的噴發超過一個月，火山的熔岩與碎屑流夷平了周邊村落，並造成一千六百人喪生。而在該年後，直到今年八月，阿貢火山才再度出現大噴發的徵兆。

洛娃想，火山爆發當然是很危險，但這種能量的爆發卻是十分罕有。近年不是地震就是海嘯，現在還有火山，要發生的誰也阻擋不住。她想起室利拉瑪那・馬哈希的這句話：「一切不是注定要發生的，無論你怎樣嘗試也是不會發生。一切注定要發生的無論你怎樣阻止也是會發生的。這是必然的。所以最好就是保持沉默。」

洛娃的老師是一位很出名的藏傳佛教上師，學生遍佈全世界，她有時會被挑選跟隨上師到西藏、不丹或世界上不同的地方閉關。對於上師洛娃只有愛、感激和服從。洛娃曾說，多年前她也是感覺到所謂的生活並不是她想要過的人生，她要追隨生命所指示給她的道路，她告訴幾個孩子，當時大的有二十來歲，小的也十八、九歲吧，她是時候去尋找她心中的眞諦，經歷一些必需要經歷的，她希望他們能明白。然後她走遍南北，見過很多老師，被各種不同的思維模式衝擊，她尊重每個宗教，然而她感覺佛教跟她要尋找的最接近，然後就跟隨了她的上師。

其實當素桑多年前聽到這個故事的時候也不得不佩服洛娃的斷捨離功夫，這些都是人生最難的考驗。人每每就是因爲這些依戀，久久不能脫離輪迴……

洛娃在想，峇里島是這三十年來最熱門的靈性避難所，島裡的人自然純樸。由於氣候得宜，樹上的水果根本不用灌溉就能長出果子，島上面的居民都不喜歡到別的地方，因爲他們知道沒有別的地方比這裡更好，從來沒有聽過島上的人要移民，只有想在這裡定居的人絡繹不絕，有些來開靈修中心、天然素食餐廳，以不同的靈修課程、瑜伽、冥想招徠客人。他們教什麼並不重要，重要的是這片青山綠水，讓人一來到就令整個心輪敞開，不只是呼吸清甜的空氣，更讓心靈跟大自然結合，重新跟地球跟宇宙連接。

這片土地能療癒心靈，讓人們把不知不覺隱藏了的傷痛，在濃濃化不開的綠色中靜靜癒合。洛娃每年都會去峇里島三、四次，閒適地只在那兒坐坐，看天看樹看雲，呼吸活在每個不能觸摸的當下（live in the now that nothing can touch）。雖然知道要發生的不能改變，但還是會有一絲不捨。感謝這個夢幻一般的地方，如果阿貢火山要爆發不知道會如何？但相信一切一定會有最好的安排。

平日光顧水晶店的多是熟朋友，今天突然有個高個子、穿著簡約的陌生客人甫進，「對不起，打擾了！我是文森，在遠處看到這一區有一層淡藍的光射出來，一直達天上，我跟著光源追尋到這棟大廈。我在下面查探，知道這裡有一家水晶店，所以上來看看。介不介意我問問，房間裡到底有什麼東西會有如此能量，可以散發如此光芒？」

「沒什麼，都是一些水晶而已。」洛娃的回答對這陌生人而言未免太淡然。文森想進去看看，洛娃本不太喜歡陌生人進來，但也隨緣，「啊！好的，請你進去前先脫掉鞋子。」

文森看這是一個很雅緻的地方，參考書和各種晶石的上面是一幅大的油畫，左面是一個塌塌米的高台，牆上掛了玻璃製的生命之花圖案，右面是落地玻璃窗，前面的晶石排列成陣，中間有一塊大的圓錐型水晶，前面有一盆水，但整個房間就被一層藍色的能量籠罩著，問道：「這種能量的穿透性很強，已經超越了三維空間，你能夠告訴我為什麼會有如此強大的水晶陣在這裡嗎？」

「是嗎？」洛娃隨口回答。

「你能讓我在這裡坐一會嗎？這個渦流應該可以讓人穿越到別的維度。老實跟你說，我是從別的維度來的，但傳輸器出現問題，現正跟在月球外停泊的飛船失去聯繫，我能借用這裡的渦流跟飛船聯繫嗎？」文森很欣切地問，也毫不怕自己說的話荒誕到會嚇到別人。

「既然如此，你就試試吧！」洛娃沒半點驚訝，心想反正來這裡說自己是外星人也不只他一個。

文森坐在晶石陣面前，那些晶石蠢蠢欲動，不到兩分鐘就全部升起來，排成一個圓，不停地轉動，徐徐地中間一條大晶柱射出凌厲光，整個房間都被照耀，洛娃快要隨著渦流的光飛出去，光的中間有幾個人影走出來，文森好像在和它們溝通，然後它們就離開了，渦流隨即關閉所有水晶，一顆一顆排列有序地輕輕落在地上。強光消散，房間裡還是有一種很深邃的能量在瀰漫著，感覺很深很穩定，就像在海洋深處潛浮一樣。良久他才開口：「太感謝你了，太空船已知道我的狀況，會儘快修理好傳輸器把我接走的。」

「你來自哪個星球？為何到地球來？」洛娃問。

「我來自十三次元，39730-589 恆星隸屬星球資料收集，我們每一百年會來地球一次收集地球土壤、水，生物進化的情況，取樣本；也會在我們設置的儀器上把地球這一百年所有的地震、火山爆發、颱風、海嘯、旱災的資料收集，看看地球的進程，但我的小型飛船進來時遇到隕石流被破壞了，所以走不了。我必須要跟在月球外停泊的太空母船聯繫了才能以傳輸器把我帶走。」

「那你剛才為什麼不走？」洛娃接著問。

「其實我還有很多資料沒有收集完，而你這個地方可和他們作有限度的聯繫，所以我告訴他們我會留在地球直到所有資料收集完才離開。他們會傳送另一艘飛船給我，當準備好就會通知我。」文森說。

他沒有想過在這人煙稠密的都市竟能找到一個有如斯能量的地方：「以前

在西藏、以色列、伊朗、土耳其、埃及、墨西哥、南美、非洲，印度都有一些建築物是我們建的收發站，那裡的能量線經過調教，讓我們可以使用作爲通訊，但這次我去檢查的時候，發現部分的收發站能量已遭到破壞，地底的能量線斷斷續續，有一些也移了位置。地球的能量處於一個開始乾枯，極不穩定的狀態。如果地球不能恢復自身能量的循環修復，那麼它將會步入死亡的狀態。」

「這跟地球人砍樹、污染空氣、在海洋製造無盡的垃圾有沒有關係？」洛娃想了一想說。

「有，但更嚴重的是地球人不停挖取地球內稀有金屬，如金、銀，和很多稀有礦石，如鑽石和寶石，並濫用核子能源和進行核爆。你剛才所說的問題可以解決，但把地球內的各種珍貴金屬不停挖走，就等於每天有人從你的腦、心、肝、肺、腸臟一點一滴掏空，至於核爆就等於在一個很短的時間內把地球內在的能量嚴重虧損，就像在人的體內放了一枚炸彈，而且威力很強大。地球由於很長時間不斷被挖空，已經內傷，加上核爆，就傷上加傷。人自然會死亡，地球一樣也會。這樣也會在宇宙中產生連鎖反應，傷害整個銀河系的平衡。我們的星球在地球還沒有人類的時候就來訪，那個時候是美麗而充滿能量，我們從一千年來一次到現在一百年來一次，是因爲發覺地球的情況越來越令人擔心，其實這一百年內我們已來過兩次。情況越來越不樂觀。」文森說。

「那我們有什麼能做的？」洛娃問。

「我們在這三百年來已經派了不少科學家去支援地球，但每當他們有一點進展的時候，人類就會把這些知識據爲己有，或賣錢，或打壓，總之地球的科學進步一直都不能突破一個臨界點，還是在原地踏步。幫助地球人，就是要讓他們知道自己的處境，讓他們放棄一己之欲，不管那是權力還是金錢，只要所有地球人的意識能夠提升，讓他們看到自己和宇宙的關係，尋找自己的根，讓他們知道自己的本源，這樣或許地球能在很短的時間在能量上得到改善。只要內裡的能量得到恢復，外在的問題在全人類的協助下是有機會康復的。」文森有點焦慮地說。

「這有可能嗎？誰可以這樣做？」洛娃關心地追問。

「有的，有的，每一個人都可以。我們還會再見，你那幾個朋友回來的時候，我會再來的。」他調皮的說完便轉身離開水晶店。

洛娃縱然有很多疑問，但他怎麼會知道汐卡、素桑和艾璣的事？

12

沒有純種地球人

……多瑪學院是宇宙最高學院，每個宇宙都有一所，它們是相連的，這個學院曾經派過使者來地球，傳授地球人不同的知識，他們曾經在地球待了很長的時間，也曾經成立過一所神秘學院叫白光兄弟會，把關於星宿天象、計算日曆、農耕、建築、靈性知識傳授給地球人。確實，無論是哪一個時期、哪一個民族你都可以找到相同的標記，如在埃及、中國、日本、西藏、南美都能夠找到生命之花的圖案……

第二天醒來，素桑看到自己仍躺在透明的修復板上，她一直以爲昨天所看到的是夢。究竟這個是夢還是之前的生活是夢？或許兩者都不是眞實的。一股暖意流遍她的全身，人變得輕盈了，過往在地球上，睡醒的時候身體常有不同的痛楚或僵硬，要依賴做瑜伽、氣功、拉筋、步行、游泳等各種運動來維持身體在某個程度上的柔軟度，但今天起床的時候身體沒有半點不適，整個人就像回到少年時候，充滿活力。

「你有沒有感覺身體狀態很好？」素桑問也是剛醒來的汐卡。

「是的，很久沒有如此精力充沛。」汐卡清脆的聲音像早晨的雀鳥。

「我剛想這可能就是它們所說的，把身體重新修復的技術。」素桑說。

素桑面前的汐卡年輕了，皮膚所透出來的顏色和雙眼的神采是如此明亮，雖然她們並沒有一下子返老還童，但確實如進入一個逆齡的療程。有機械人端來一杯類似昨天的飲料給她們，但今天的卻是帶有百香果的味道，然後她們到一個很大的房間，他們稱之爲「太陽房」，房間很暖和，地面是泥土，跟地球是一樣的，面前的透明螢幕上有一個很亮的球體。有很多人把手攤開凝望著太陽光球，這有一點像人們練習太陽凝視。

素桑問它們：「這是太陽嗎？」

「這是中央太陽，我們用科技把中央太陽的影像及時傳送，這樣可把中央太陽的分子、光子、等離子……完全傳送。全宇宙的生物都可以跟它們星系的中央太陽所發出的高能量源頭能量頻率調心，這樣可以達到意識轉化或提高意識，可以維持或成爲我們本身的光體或太陽體。這樣就是神我一體，經過不斷地提高或轉化，最終在身體層次、精神層次、靈性層次達到神我合一的狀態。故此，無論我們的飛船在哪裡，船上的星人每天也會在這個房間吸取大中央太陽的能量來保持自身能量的發展。」它們解釋道。

它們讓汐卡和素桑光腳站好，雙腳分開，站直身體雙手放在兩旁，掌心朝太陽，雙眼向著太陽直望，把第三眼輪、心輪和臍輪打開，讓大中央太陽的光直接照進雙輪裡面，再讓這個光直接把自己像透明一樣照穿，整個人跟太陽完全合一，甚至可以隨心待在這個狀態。

素桑感覺這個光跟地球的太陽很不同，地球的陽光必須在清晨升起後的一個小時或日落前一個小時才能做這種練習，其他時間直視太陽是很危險的。這裡的太陽經過過濾，把這些不能直視的強光調和，卻又不會失去身體需要吸收的能量編碼。當素桑跟著它所說的做時，身體百分百成了光，所有都成了光，她早就不存在了。

汐卡和素桑回到昨天的會議室，今天沒有幾個人在，星人介紹自己：「sagi monama（意思是光與你同在），我是基亞（kiya kakuwa），這艘小型飛船的隊長。上次見你們的時候人太多，忘了介紹自己，今天我會在你們離去前解答關於你們對這個計劃的疑問。」

「我們應該從哪裡開始，這麼複雜的計劃我們兩個人要怎麼做？」素桑問基亞。

「一切都會有引領的，在你們背後有很多星人、天使、龍族會幫助你們。多瑪學院是宇宙最高學院，每個宇宙都有一所，它們是相連的，這個學院曾經派過使者來地球，傳授地球人不同的知識，他們曾經在地球待了很長的時間，把關於星宿天象、計算日曆、農耕、建築、靈性知識傳授給地球人。」基亞說。

確實，無論是哪一個時期、哪一個民族你都可以找到相同的標記，又例如每一個民族的傳說中都有一場大洪水或災難，或要斬妖除魔，而每一次經歷之後也有一些近乎神的人來教他們各種知識，如南美洲的維拉科查（Viracocha），中國的神農、伏羲，女媧、黃帝、印度的馬努（manu）。傳說中摩蹉（Matsya，毘濕奴作爲魚的化身）預告馬努洪水災難即將發生，並命令他用船收集世界上所有的穀物，及把所有生物都保存在船上。當洪水破壞世界時，馬努由七位偉大的聖人陪同登上方舟，倖存下來。然後再次教導人類生命的知識，故事也像諾亞方舟。

「你是想跟我說我們所有的文明都是跟外星人有關嗎？」素桑按捺不住地問。

「其實你們也沒有需要把外星人和地球人分得那麼徹底，在地球上也沒有很多純種地球人：

「第一，很多地球人是有外星血統的，因爲外星種族在幾千萬年前已經來到地球，也和當時的人類進行交配。

「第二，地球人的整個歷史發展是受到很多外星生物的思想體系激發的。

想想你們的電影、科學、醫學、太空科技，有些是直接由外星人指導的，有些影像與願景是外星體系把資料滲透在你們的潛意識裡，給予你們靈感，提高你們的創作能力，突破人類的潛能。

「第三，地球人往往把外星人說是神，不是宇宙裡沒有神，但那是沒有形相的，是一種超乎想像的能力，『這』是超越一切的源頭，只有在沉默與靜止中找到『這』，『這』不會跟你說話，不會給你試煉、獎罰，不會教你什麼，但『這』確實是無止無盡的存在著，甚至說『這』是掌管一切也是不對的，因爲『這』和一切行爲是沒有關連。若你要認識『這』就必須放下所有思維，只有在沉默與靜止中才能找到『這』。『這』與原本的『道』很相似，只是地球人後來把『道』演化成另外一個宗教系統。

「第四，只要你們願意接受不同族群的名稱，地球人也只是一個名稱罷了，天使是一個外星族群，但他們的頻率比較高，比較接近宇宙原創頻率。龍也是一個族群，是第一批來地球的族群；觀音、度母、杜爾噶（Durga）不是外星族群，他們是擁有高能量、高頻率，從『這』的雌性能量轉化而生的，他們並非一個實體卻是一種能量模式，只是後來的人類把自己的幻想與意願添加在他們身上，形成他們想要的模樣。地球很多的宗教確實是不同星球的產物，或許我這樣比喻，不同星球的族群來地球招收人才，很多地球人覺得這些星際族群很有能力，以爲他們就是神，過往所謂神的意思是指十分有能力的，並不是現代人所理解的。當這些族群招收到人，地球人開始傾向他們的頻率並向他們跪拜念經、做儀式，這些做法會轉化成一種能量，而這些能量是可以收集並壯大這個族群的。當人死後，由於他們常常以相同的頻率念經、跪拜，他們對這個星球是有感應的，所以他們的魂會自動被這個星球吸引。當然，能否進入這個星球還是要根據這個星球的規定，你們不妨想想幾個地球的大宗教體系就能明白你們的處境。有些宗教也已經告訴你們，當你們臨終的時候只要念著它們所教的就自然可以回到他們的天堂/境界。另外爲什麼不同的星球會選擇在地球上不同的地方定居，譬如說有些選擇埃及、印度、中國、中東，爲什麼呢？其中一個原因是那個地方所用的語言系統和他們星球的比較接近，這樣會比較容易和人類溝通。」基亞侃侃而談。

聽完基亞的話，素桑其實也曾經有過這些想法，只是從來不能如此清晰、有條不紊地解釋出來，而今天正好把過去所想的引證出來。汐卡一直沒有說話，素桑想汐卡會跟她一樣對今天所聽到的感到十分認同。基亞要把她們先送回去：「以後大家還有很多見面的機會。」素桑和汐卡向他道謝，基亞左握拳放在右肩上行禮，她們進入了玻璃房，一束光傳輸過來把她們送回去。

當光傳輸開動的時候，素桑的身體完全崩解成光，然後當她們張開眼睛，夏里斯就在前面，汐卡問：「我們離開了多久？」夏里斯很奇怪的看著我們：「你們並沒有離開過，剛才我告訴你們，我會在門外等你們一個半小時，現在剛好，所以我進來叫你們，看到你們兩個都在這裡睡著了，所以我才叫醒你們。」

素桑回想當她們慢慢走出金字塔的時候，剛好是日出，她們看天空不斷轉變的顏色，當太陽升起的那一剎金光，汐卡和素桑把身體所有的脈輪完全打開，接受這初起的金光，這金光從第三眼進入一直流遍她們的全身，使她們也成了金光。

+~/0000

13

多瑪學院的誕生

……猶太教教義裡的神／大能是無形無相的，所以他們的會堂是沒有神像的。究竟他們所接收的宗教是否就是一套外星文明的生活智慧累世之後變成了一套宗教思想？很多守教的猶太人也接受自己是星種子或星人，也知道跟宇宙的連結，大能／神所說的就是源頭的力量。

回到酒店，素桑和汐卡把在埃及所發生的事跟其他兩位姊妹和盤托出，她們的結論是成立這所多瑪學院。艾璣對這些事最熟練：「我們是否先做一個網頁介紹一下我們想做的學院呢？」

「也不是，其實我們到現在也不太清楚想要做的事情，怎麼跟人說！我們還在摸索中。」素桑說。

「這樣吧，在我們還沒有知道該怎樣做之前，大家先去想一想怎樣去做？」汐卡說。

大家沉默不語，過了片刻洛娃說：「網頁還是要做的，大家先想個名字，叫多瑪學院嗎？」

「我們現在又沒有什麼能教人，怎麼好用學院一詞？況且也眞的沒有教人的必要。」汐卡說。

「對的，我也覺得汐卡說的很對。第一，學院也不一定要教人，這也可以是一個大家互相學習的地方，不一定需要有老師與學生之分。第二，我覺得現在很多人都能夠自己接收訊息，只是還不是太相信自己，只要將我們現在的姊妹模式擴大，達到互相幫助、提點的形式不是更好嗎？第三，當然還需要有一個純淨的心，不只是因爲金錢、名譽和權力，這三個東西往往是人類最大的幻象。我們不是很偉大，但我們必須完成這個使命才有機會回家，這個目標對我們來說比其他的東西重要多了。」素桑說。

「我們的網頁可以做些什麼？」艾璣說。

「我不知道我們可以做什麼？但我知道有什麼不可以做。我不要做什麼治療、不要收錢，不要做神醫也不要當神棍，最好能發展一些不需觸及這些事情的東西。」汐卡在方向上頗清晰，很堅定的說。

素桑也有同感：「不論你是多厲害的神醫，很多時候一收錢就做了神棍，不是因為你沒有料子，而是我們做的事情本來就不一定能夠一下子看到好轉，人就會懷疑，就算立即把人醫好，對某些人來說還不一定是好事。其實醫好他們是他們在那個時候需要被醫好，我們只是奉命行事，力量不在我們身上，力量來自那位生病的人。如果這是一種宇宙賦予的能力我們就更不能收錢。」

「但這樣就不可以用這種能力作爲一種職業養活自己了。」艾璣說。

「不是的，別人喜歡做當然可以做，只是我不選擇這樣做，我還是希望用別的方式養活自己，而把這個能力完全免費地提供給所需的人，或許我應該更正說，我沒有收到我應該收錢的訊息。」素桑補充說。

「但能量的付出需要平衡，我們只有付出而沒有接受，對大家也不好，我們要儘量做到大家互不拖欠，有道有德。」洛娃中肯地說。

「什麼叫有道有德？」艾璣問。

「能從宇宙的能量中去取是爲『道』，能把取出的歸還給宇宙是爲『德』。」洛娃解釋。

「這很重要嗎？」艾璣問。

「是的，這是非常重要的。有道有德世界才可以圓滿，但很多時付取不一定只是金錢上的，你也可以讓他們捐給有需要的人，但必須要說明今天有人幫了你，以後你也一樣要幫助別人。這樣，有道有德的理念也能繼續發揚下去。幫助人最好的方法不是給錢，而是幫助他可以堅強地站起來，自給自足。」洛娃說。

「明白，這眞的是個很好的方法。」艾璣點頭道。

「我們現在應該沒有什麼需要收錢，將來需要的時候會作參考的。」素桑說。

「姊妹，我們忘記了很重要的一點，我們收到的訊息是要把這本有關宇宙的書的訊息傳遞，然而我們還沒有找到這本宇宙之書和鑰匙，我們還是先把它們找出來，才能知道下一步該如何走。」汐卡說了很重要的一點，大家異口同聲和應。

幾個姊妹就自己的遭遇分享，天南地北地越說越興奮。那個時候她們還不知道洛娃提的那個外星人在以後她們所要做的事會扯上很大的關係。

最後素桑說：「各位姊妹，這個學院取名多瑪宇宙學院好嗎？我覺得這個名字有一個願景，希望有一天真能跟不同宇宙的學院連接上。」

大家聽後都舉腳贊成。

素桑回以色列處理事情，她和汐卡翌日就分道揚鑣了，但感覺很快又會再見。

有時候突如其來的事情不就是大家一直渴望會發生的嗎？一次又一次的驚喜與感恩，在所有宇宙之下人們實在很渺小，但宇宙裡所有的生物，包括人和星人都是平等的，並互相關連。我們的每個念頭都有可能改變這個三維世界，並且會千絲萬縷地交織出一幅圖畫，當沒有看清楚的時候我們就只能在圖畫內掙扎，當看清了就可能看到兩幅、三幅，甚至更多幅圖畫在交疊不同的維度和時空。我們可能由此多明白一點自己在這裡的原因、生命的意義等等，最後還是歸於一個念頭，當念頭沒了，就歸於沉默……

回到耶路撒冷，素桑把過去兩個月所發生的一切反覆思索，種種影像在腦內一幕一幕地翻起，盡是不能解釋的事情，在金字塔、飛船、地下博物館、海底等眾多訊息，跟主流科學家、歷史學家的地球故事研究均南轅北轍。素桑的腦袋陷入靜止的狀態，既然沒有辦法辨別眞僞，她好像只能靜待及觀察這一切的發生。

耶路撒冷這個素桑居住了十幾年的城市是世界上三大宗教，猶太教、基督教和伊斯蘭教的聖地，最近發生的大事莫過於美國總統承認耶城爲以色列的首都，這又再爲中東耶路撒冷之爭掀起序幕。住在以色列的人常常說在敘利亞、阿富汗、伊朗一天死幾十人，世界無人問津。在耶路撒冷有人扔石頭就已經是恐襲，在這裡發生的一件小事就足以引起中東，甚至全世界的關注。很多沒有到過以色列的人都覺得以色列是很危險的地方，素桑卻不以為然，其實有問題的可能就只是加薩附近一帶，以色列其他地方的人都過著非常平靜、安全的生活，就算眞的和鄰近國家有戰爭，耶路撒冷從來都是最安全的，因為阿拉伯人也怕會損壞自己的聖地，所以不會在這裡投放炸彈，這就像武俠小說中所說：最危險的地方就是最安全的地方。

耶路撒冷為何那麼重要，是因為上帝在此地行了很多神蹟，所以把它變成了聖地，還是因為它本身就是一個很特別的地方？所以上帝選取了它。這裡最著名的當然就是聯繫著全世界猶太人的哭牆，和在旁邊一牆之隔的圓頂清眞寺（The Dome of the Rock），俗稱金頂。哭牆是第一次和第二次聖殿毀滅後所留下來的城牆，但哭牆的意義遠比這個重要。在猶太人的教義裡，一切創造源自於耶路撒冷，而這兩個聖殿曾經侍奉著「神聖之最」，是神顯示大能的地方，（也有學者提出「神聖之最」是在金頂旁的阿克薩清眞寺（Al Aqsa Mosque），雙方爭持經過很多論證下，最後還是情歸金頂，其實更多學者認爲要在金頂和阿克薩清眞寺下挖掘才能找到眞相，可惜這個方案暫時還未可行。）把《妥拉》（《摩西五書》／《舊約聖經》）教導給猶太人的地方，是人可以眞切感受神的地方。猶太教的智者曾經預言聖殿被毀了，它的城牆也是不倒的：耶城曾經九次被毀壞和重建，但哭牆仍然屹立不倒。當神跟亞伯拉罕定下永生之約，神應允猶太人是永遠不會被毀滅的，在這裡，哭牆就成了這個象徵。

在猶太人一九〇〇年的流亡歷史裡，他們會冒死前往耶路撒冷，面對土匪、十字軍、羅馬帝國，他們都不曾放棄這個地方。《塔木德》（Talmud）❸裡教導說，當聖殿被毀時，天上所有的門都關閉了，除了一個：淚之門。而耶路撒冷是猶太人傾心向上帝禱告的地方。他們渴望重建耶路撒冷而流下了無數的淚水，因此被稱爲「哭牆」。數千年來，每天三次，世界各地的猶太人朝向聖殿山祈禱。卡巴拉的傳統稱世界各地的祈禱都會揚升到耶路撒冷，然後從那裡升到天堂。塔木德說：「如果有人在以色列之外的地方禱告，他就應該把心指向以色列，如果在以色列內禱告就要把心指向耶路撒冷，在耶路撒冷的人就要把心指向聖殿。」在一九四八年的阿拉伯以色列戰爭中，耶路撒冷被分裂，猶

❸Talmud 源於西元前二世紀至西元五世紀，記錄了猶太教的律法、條例和傳統。其內容分三部分，分別是《米書拿》（Mishnah）——口傳律法、《革馬拉》（Gemara）——口傳律法註釋、《米德拉什》（Midrash）——《聖經》註釋。

圓頂清真寺（攝影：Chandi Devi）

太人再次從西牆被驅逐出去，只允許在遠處穿過鐵絲網看著西牆。在六日戰爭中，以色列士兵通過獅子門進入老城，凱旋而歸，聖殿山再一次掌握在以色列手中！他們吹響羊角，成年男子在哭牆哭泣跳舞。二〇〇〇年後，耶路撒冷終於在猶太人控制下統一起來，人人都可以自由出入。

根據猶太人的傳統，基石是亞伯拉罕準備犧牲他兒子以撒的地方，也是穆罕默德在晚上升天旅程的起始地。猶太人認爲基石的位置是地球上最神聖的地方，也就是聖殿至聖的所在地，素桑想，哭牆對於猶太人而言，絕不是單純的歷史資產。這是他們的根源，她見過很多猶太人來到哭牆哭得像個淚人，他們用淚水澆灌城牆，用親吻融化石頭，他們在這裡就能清晰地知道他們是誰，而這地方就是上帝給予他們永恆的國家。但另一邊也有不同的學者認爲聖殿山並不位於現在錫安山，至於第一聖殿和第二聖殿的正確位置，自西元七十年聖殿被徹底毀滅，也一直沒有找到具有考古學家考證的支持，也有人認爲哭牆只是羅馬城牆跟猶太人毫無關係……如上所言，只要一天不能在阿拉伯人管轄下的金頂進行考察也就永遠不會知道答案。

素桑沒有他們對耶城的情意結，但也無法否認這個城市的魅力，一磚一瓦的歷史震撼。對她來說能量的感應比任何考古的發現來的眞確，她曾經在西牆和金頂的上空看過一股巨大的渦流，就像天空開了一個很大的洞，宇宙的能量不停和地面的能量連交接；也看到巨大的金光從基石的地上往上升。在二〇一二年期間，有人在耶城上空發現過不明飛行物體。無論從哪一個角度，耶路撒冷也足以讓人駐足參詳。很多剛來耶路撒冷居住的人會有一種「耶路撒冷綜合症」。這個症狀會讓你感覺自己十分興奮，不能睡覺，覺得自己和神在溝通，步履輕盈，能量滿溢。

然而，經過地底一役，又涉獵過依黎列達所說的素桑，對宗教有新的體會，但要所有人接受這些說法並不容易。猶太教教義裡的神／大能是無形無相的，所以他們的會堂是沒有神像的。究竟他們所接收的宗教，是否就是一套外星文明的生活智慧累世之後變成了一套宗教思想？很多守教的猶太人也接受自己是星種子或星人，也知道跟宇宙的連結，大能／神所說的就是源頭的力量。如果從這個角度來看，某些宗教只要脫下人為的那一部分，溯本歸源可追溯到它們的星際根源。

素桑的好友利芙嘉帶了二十幾人的團隊來以色列，艾璣也跟他們一起來，團員來自世界各地，有美國、中國、日本、新加坡、台灣、香港。利芙嘉本身是一個通靈者，所謂通靈者不一定只為死去的亡魂通靈，也可以為揚升大師、天使、大天使、觀音、度母、外星族群做媒介，是一個能夠接受相關頻率的人

卷，立即引起一眾以色列學者的關注，在一九四七至一九五六年間他們發現了超過九百卷古卷，這些古卷有羊皮紙和莎草紙，經過放射性碳測，年代可以追溯到西元前二世紀。

雖然眾說紛紜，但這個地方是一群叫艾賽尼派人（Essene）的居住地，他們自稱 yahad 是一起的意思，坐落在以色列南部沙漠的一個半山上，背後是層層疊疊的石山，面對的是一望無際的死海。天朗氣清的日子你還可以看到對岸的約旦，而這些遺卷是在連綿群山的山洞中發現的。從這個社區的建築，我們可以看到當時艾賽尼派的生活，他們每天的生活很簡單，祈禱、冥想、工作、吃飯、沐浴、上課、祈禱、冥想。淨化是他們重要的一環，他們是一群靈性追尋者。在死海遺卷裡，除了以斯帖那一部分，我們可以找到整本《舊約聖經》。

素桑每次去這個地方的時候都感到非常熟識，坐著看死海的日子就像是生命情調，一種獨立於天地的交感，近乎帶有前生記憶的感覺遊走於每一塊石頭，這是一起學習、吃飯的地方，也是每天淨化沐浴的地方。她最喜歡坐在山上那個山洞沉思生命和宇宙。風聲擦過牆壁中的空隙，聲音就像在告訴她這些年來所發生的一切。素桑心想：「這一群艾賽尼派的人最後去了哪裡？爲什麼他們好像一夜之間就消失了？」

「你還記得在這裡的晝夜嗎？當大地甦醒，你們在這裡歌頌大能所帶給你們的一切；夜幕低垂，你們沐浴潔淨，坐在這裡一起學習宇宙的語言，通過了解古代迦勒底人的瑣羅亞斯德、荷米斯教徒的教導、摩西的秘密指示、以諸書的啓示，還有老師所教導我們要如何了解心的一切，就像東方的覺者佛陀所宣講的教義一樣。你們在這裡靜靜聆聽，用心去觀照，學習的不是宗教，反之是所有宗教的前身，你們學習的是內在的光，是與生俱來的知識，可是世上大部分的人被外在幻象蒙蔽了，於是宇宙把這些知識在過往千百萬年來教導不同族群，這些最後都成了神秘知識，世代相傳，每個學習明白的人都會肩負一個使命，把這個能驅走內心黑暗、重現光明的知識傳遞給每一個願意學習的生命。就是這樣，你們在這裡學習，並成爲這些神聖教導的守護者。你們把這些古老的知識解碼並將它們以手稿形式寫下，讓它們重現，你們也以保存這些偉大的知識爲一項神聖的任務。你還記得嗎？」風中的聲音一直在素桑耳邊呢喃。

「是的，我還很清楚地記得這種感覺，但這光是否會消退？」素桑疑惑道。

「這光不是外在物，不會消失，但卻會被外在的幻象蒙蔽，讓你以爲你失去了內心的光芒，不要被外在蒙蔽，這光是你的本質，你稱它爲光也好、和平也好、宇宙之愛也好、喜樂也好，都是相同的，這是你的本質，不多不少，你不能捕獲它，因爲它從來沒有離開過你。明白嗎？記起來嗎？相信你就是這一切！」風繼續說。

「那些住在這裡的艾賽尼派的人最後去了哪裡？」素桑緊緊追問風。

「後來有很多反對他們的聲音，他們有一部分人把這知識帶到世界不同的角落，有一些回到更隱蔽的地方繼續生活，完成他們的使命，也有選擇離開人群自己修行的。最後有一批揚升了就像以利亞（Elijah）一樣，或許我說他們的身體頻率已經達到另一個維度，所以在地球人的角度是揚升了，但他們仍然存在，只是存在於不同空間，地球人看不到而已。」風解釋。

「我很想念他們，爲什麼他們都走了，唯獨剩下我呢？」素桑開始自言自語。

14

拯救死海

根據藏曆算法，每年熱科星出現的期間就可以勤洗澡、多淋雨，也可以祈請藥師佛，念誦藥師佛心咒。相傳這樣可去除周身疾病、消弭災禍，更有利於去除業障、增長福慧、增添福壽等等。在這個時候的水，治療能力很強。她們在不同地方收集了晚間的露水、山上的泉水加上能量傳遞，做成這瓶甘露，並將在這個晚上放進死海。

從庫姆蘭一直往南開往死海，風裡夾著死海獨有鹹鹹的礦物味道，到了有硫磺的地方，還會傳來陣陣臭雞蛋的味道。太陽剛下山，天空橘紅的雲把半個天空上了彩妝，還有金色的陽光偷偷從後下滑，一縷金光照在臉上扭動又稍縱即逝。死海的藍和天空的橘紅，還有對岸約旦的山巒，看起來就像一幅讓時間停頓的圖畫。

死海是世界上最低的湖泊，水源爲約旦河，位於以色列，約旦和巴勒斯坦交界。湖面海拔負四百二十四公尺，含鹽量是海水的九點六倍，所以你可以浮在水上看書、看報紙。死海內的鹽含有多種不同的化學元素，大量的溴離子令人感到舒適和放鬆。死海還有神奇的治療作用，無論你的身體有什麼小傷痕或皮膚問題，只要在死海連續泡幾天，每天泡一會，幾天之後所有小問題都會痊癒；但若是新傷口就會很痛，所以如果我們有不知道的傷口，下水的時候就會感到刺痛。

過去每一年素桑也會去死海泡上兩、三次，但今年到死海，看見海岸線越來越遠，卻感心痛，以前在公路旁的死海，這幾年死海不斷萎縮，去年還能看見的水窪及其中的綠洲，今年是一整片乾旱的泥土，水的蹤影消失了。

根據環保團體中東生態和平（EcoPeace Middle East）聲稱死海以每年三點三尺的速度蒸發。過去二十年死海面積縮減了百分之三十，以色列政府只在遊客區把水儘量引導到酒店前的海灘，不然要走到很遠才會有水。死海水量不斷降低，除了天氣乾旱，也因爲約旦和以色列均沒有實行對死海開放水源。

約在十年前曾有說約旦政府會把約旦河的水輸入死海，但這件事情一直沒有發生，以色列以前也會把加利利湖的水疏導到死海，但近年以色列雨水不足，加利利湖也自身難保。

在二〇一三年前，以色列和約旦爲穩定死海的水位，簽署了一項價值一百億美元的紅海死海輸水項目協議，將會建造一條從紅海到死海一百一十公尺的管道，這樣不僅能夠向以色列和約旦供水，而且還能夠將每年約三億立方公尺的水泵入死海，計劃完成將會供水二十億立方公尺到死海。該項目的第一階段計劃於二〇一八年開始，並於二〇二一年完成。

由於死海的礦物含量豐富，不管是國家的供應公司還是私營的化妝品公司，不斷想在死海挖掘，令死海的乾枯問題更趨嚴重。以色列和約旦都是十分倚重旅遊業的國家，而當它們向全世界推廣死海和它的護膚品的同時，也把死海推向絕境。

過了大概一小時車程，到達了死海小鎮，這裡大大小小的酒店應該有三、四十家。下車的時候天色已晚了，當風吹過來就可以嗅到死海的味道，空氣比較乾燥，有點涼意。素桑跟莉芙嘉打算晚上在海邊集合，聚合力量拯救死海。在兩、三個月前她們已經收到行動的訊息，幾個姊妹還特別在熱科星出現的時間做了治療能量的水來幫助死海。

根據藏曆算法，每年熱科星出現的期間就可以勤洗澡、多淋雨，也可以祈請藥師佛，念誦藥師佛心咒。相傳這樣可去除周身疾病、消弭災禍，更有利於去除業障、增長福慧、增添福壽等等。在這個時候的水，治療能力很強。她們在不同地方收集了晚間的露水、山上的泉水加上能量傳遞，做成這瓶甘露，並將在這個晚上放進死海。

從酒店到死海沙灘只需要約三分鐘，晚上天氣很涼快，月亮清朗地掛在天上，幾乎沒有雲霧。她們聚集凝視死海。素桑跟他們解釋了死海現在所面臨的問題，而在這些實質的問題上是沒有找到什麼方法的。她曾聯繫過一些環保團體，也請一些專欄作家在報上發表意見，希望有更多人關注問題，但一般的以色列人並沒有意識到事態的嚴重性，不知道爲何死海好像距離他們很遠，但死海還能撐多久呢？如何救援死海？期間他們提出過不同的意見，例如發起讓每個遊客倒一瓶水到死海，也可以在不同網站發起募簽行動，希望能在國際引起相關的注意。當然，還有罷買死海護膚品，這樣相關的公司可能會逼政府正視和處理問題。當她們圍著死海冥想的時候，素桑看到一位身穿素藍衣服的漂亮女子，她臉上的皮膚正在閃亮，就像太陽折射在海面所出現的銀光一樣。她告訴素桑：「我是死海女神。」

「眞的嗎？這眞的是你嗎？」素桑目瞪口呆。

突然她的外殼一瓣瓣剝落，樣貌溶化了，皮膚和身上的顏色溶在一起變成乾枯瘦瘠的老婦人，她甚至好像不是站著，下身跟海水連在一起，臉上的皮膚像乾枯的木頭，頭上的白髮凌亂疏落，雙目無神，她每說一句話都需要用很大的力氣。

「你爲何給我看那個華麗的幻象？」素桑驚問。

「世人都喜歡看漂亮的東西並沉醉在幻象裡，他們來這裡是希望得到健康，所以他們只會看到他們想看的幻象，可是眞實的我已經千瘡百孔，他們不斷挖取我的身體，抽取我的血，截取加利利湖和約旦河的水……死海的水已經不能自行恢復！」死海姊姊很苦澀地傾訴。

「我可以怎樣幫助你？告訴我吧！」素桑說。

「我的皮感到像被撕裂，美人魚要撤離因爲這裡已經不再適合她們居住，而且她們也不能躲起來，水已不夠深，很多水裡不同維度的生物失去了家園。」死海姊姊很痛心地跟素桑說。

「死海不是本來就沒有生物的嗎？」素桑詫異的問。

「你們的科學家認爲死海的鹽分和不同的化學成分很高，所有生物是不能生存的，其實並不是，死海本身是可以生存的，我們本是一個來自 K3762-9 次元的晶族，來地球進入大氣層的時候，太空船出現故障掉落在這水裡，如果不是這裡的水我們的飛船可能會發生爆炸。我們晶族人遇水即生，很快我們就在這裡繁殖生活下來，同時很多不同維度和星球的生物也可以在這裡居住，這裡也是他們來地球時能匿藏休養的地方。當時來地球的一共有四個晶族人。」死海姊姊說出歷史。

「你們爲什麼會來地球？」素桑問。

「我們當時本來只想來地球收取海水和水晶樣本，後來因爲飛船失事沒辦法和我們的星球取得聯繫，便停下來修理飛船，但碰上沒有零件只好等星球偵測我們的存在，等到他們找到我們已經是幾百年後的事。」姊姊繼續說。

「那你爲什麼沒有離開？」素桑對死海的故事很感興趣。

「當時我和我的妹妹留下來，因爲我們很喜歡地球，我們留在這裡就可以直接把星球需要的地球資料傳遞回去，星球也不需要派人來地球。我們在這裡已經四百萬年了，我們原是可以自行修復的，就像水晶一樣不會變老，某一個程度上來說是不會死亡的，但現在地球的人類對我們不停地挖取，同時又抽取我們用很多年才能完成淨化的精華，這些以前是在很深的海底，基本上是沒有人能取的，現在地球人把它們都抽取了！」死海姊姊氣若游絲的說。

「你妹妹呢？」素桑問。

「她去了南極洋和太平洋交界，建立另外一個晶族，她就想到終有一天這個情形是會發生的。」死海姊姊說。

「那你爲什麼不去找她？」素桑不明白的問。

「我已經沒有能力去了……」死海姊姊的聲音越來越低沉。

「我想或許我們能夠幫助你，你先跟你的妹妹聯繫，我會試試找人幫忙，我們會儘量嘗試把你送到你妹妹那裡，但你的妹妹要給我們作指引。」素桑說。

當素桑的心在祈禱的時候，白色的風龍出現了，幾位天使從天而降，一層能量把死海姐姐捲起，風龍把她運送到她妹妹處，而妹妹早已在海上等待。妹妹一身淡紫，海藍色的頭髮，臉上有圖案，皮膚像塗了銀色水晶粉般閃亮，看來只有二十幾歲，感激道：「十分感謝你們可以把姊姊運送過來！我只能運送我自己卻沒有能力可以多運送一個人。」

素桑看死海姊姊的情況很惡劣，幸好她們出現，不然死海姊姊也可能會消失死亡。「你現在打算怎樣救她呢？」素桑有點擔心。

「現在我會先把姊姊放在晶族群的深切治療部，然後啓動水晶柱的能量來修復姐姐的身體，但由於姊姊的身體長期處於被損耗的狀態，死海又是不斷被挖取，面臨乾枯的情形，所以我們只能延長她的生命一點點，除非死海實際的情況得到改善，否則也是徒勞無功的。」她憂心地說。

「你們的星球不能派飛船來接她回去嗎？」我說。

「自從來到地球後，姊姊再也沒有想過要回去，她曾經告訴我，她選擇在地球死去，因爲她實在很愛地球。」妹妹的眼淚滴下成了一顆顆珍珠。她把珍珠放在一個小蚌殼內送給她們表謝意，便跟風龍和天使道別。

素桑合十：「希望死海姊姊可以康復，我會儘量想想如何在三維世界幫助死海的。再見！希望我們有機會再見！」

「你隨時可以來看姊姊的。**Ka ma ni qi kuo yiya same dongtala same somomicha**，只要你想我們的時候在心裡說這句星語就可以了。」妹妹最後這樣說。

素桑張開眼睛，看見剛才那些團友仍沉浸在自己的空間裡冥想，而電話顯示，距離剛才開始打坐的時間只過了十五分鐘，素桑看著夜空心裡充滿感恩，每一刻的生命是如此奇幻與神秘，沒有人能知道下一步是什麼、會遇到什麼，生命如此奇妙。

第二天早上，素桑在酒店的陽台看到離岸不遠有一條提霸，兩面都是海水，素桑覺得有趣便走下去看看，她站在長堤想起昨晚的經歷，死海跟它是一體的，心裡的悲哀猛然撲過來，一種被世界遺棄的感覺……死海的表面好像是前所未有的風光，背後臨近死亡的寂靜卻讓人惋惜。素桑希望地球人能夠幫忙拯救死海，祈望大家知道後都能出一分力。

吃早餐時，莉芙嘉和很多團友也說昨天晚上他們也感覺到死海所發出的求救訊號，他們承諾爲死海發送能量。導遊苗苗介紹今天參觀馬薩達的行程，從酒店往南開車大約二十分鐘。這個地方是由希律王（西元前三十七年至西元後四年）完成建築的城堡。全是古羅馬式風格。這個城堡建在山上，易守難攻，儲水系統足夠讓上千人用兩、三年，糧倉也能爲一千人作幾年儲備。要到達山頂可以選擇走上蛇徑，也可選擇坐纜車到山頂，但走蛇徑的最佳時間是零晨四點，到山頂剛好可以看日出。同時，越接近中午天氣就越熱，在夏天中午的溫度會接近攝氏五十度。艾璣走到山頂，在死海和一望無際的猶大沙漠前深深的呼吸，空氣熱且乾，以色列的沙漠不像撒哈拉，這裡是連綿不斷縱橫交錯的石山，色彩斑斕，站住那裡如鷹俯瞰世界，一切也在我的腳下，艾璣在想當年希律王也必然有這個感覺。

苗苗講解了這個地方的悲壯歷史：「西元六十六至七十年，猶太人起義反抗羅馬人的統治，起義之初，米拿汗・本・也爾（Menahem Ben Jair）率領奮銳黨奪取了馬薩達，西元七十年耶路撒冷和第二聖殿被羅馬人摧毀，米拿汗在

馬薩達（攝影：Chandi Devi）

耶路撒冷被殺。他的外甥以利亞撒（Eleazar）僥倖逃出耶路撒冷，並在馬薩達建立了自己的統治。此後，被羅馬追捕的猶太人陸續來到這裡，馬薩達成爲起義的最後據點。西元七十二年，羅馬總督弗拉維斯·席爾瓦（Flavius Silva）率領羅馬第十軍團包圍了馬薩達，並開始在西側修築高台。在圍困二、三個月後，於西元七十三年，羅馬軍隊完成築台，並用攻城槌攻破馬薩達的城牆，但他們看到的僅是約九百六十具屍體、燒毀的建築和保存完好的糧倉。在羅馬圍城期間沒有任何猶太人發動過進攻的記載，這一點頗令人費解。在馬薩達即將被攻破之時，以利亞撒對全體猶太人發表演講，強調絕不能屈從羅馬人的奴役，而寧可作爲自由死去的人民，他最終說服了大家選擇自殺。最後僅有兩個大人和五個小孩躲在蓄水池裡得以倖免，大家也因此得知了羅馬破城前所發生的故事。」

艾璣和素桑兩個一來到這個地方就有種不能停下來的衝動。素桑記得馬薩達有三層的露台，她們就決意要前往露台，在大家坐著聽講解的圓形石凳旁有一條樓梯，中間穿插著一些建築的遺址，大大小小的石頭陣，那裡曾經有小宮殿、儲水池、游泳池、住宿、雜物房、將領的宿舍、希律王座的房間等。艾璣和素桑走過的時候並不確實知道露台的位置，但卻感應到指引。從露台看出去，整個以色列南部和死海盡收眼簾，陽光揉合了山上的顏色，胸懷壯闊，素桑不自覺地深呼吸，好像要把一切吸進體內。露台的中間應該是希律王的殿堂，素桑不由自主地站在中間，看著頭上一望無際的藍天，然後雙手不停地舞動出各種手印，口中也開始星語喃喃，她覺得大部分自己所說的她都不明白，除非靜心去了解每一句訊息。素桑感到頭上有一個很大的星門在打開，正對著頭頂，一個很大的渦流在素桑頭上轉，強光形成了很大的管道，星門接連了宇宙及地球上，埃及、墨西哥、西藏、非洲、南美洲、英國、日本、印尼、南極等等的星門。素桑看到這個星門圖，在漆黑的太空中點點的閃亮著。其實素桑沒辦法看見其它維度的星門，只知道它們的連接，然後看到很多飛船在地球升降。素桑心裡面問：「爲何要打開那麼多星門？爲何那麼多飛船來又有那麼多要離開？」

聲音回答：「因爲地球的能量要提升，舊的星際族群要離開，宇宙要大同，多些星門打開，才可以快點連接到新的頻率。」她感到一剎那整個馬撒達被光濃罩著，整個山的分子像分解了，被光吸收進去後又再重現，然後星門的光一下子關閉了。她彷彿可看到那強大的光一剎閃爍後變成一條線，再變成一點以至消散。素桑張開眼睛時，艾璣正在露台的四周念念有詞，然後大灑她製作的精靈油，也把洛娃給她的水晶遍佈在露台四周。

抬頭看天是依舊的藍，風還是柔柔地吹。當她們完成的時候，導遊帶著莉芙嘉和團友來到露台，她們也就功成身退，慢慢地坐在露台的椅子上欣賞面前的風景。素桑想她們確實開始另一個旅程。

15

佩特拉修道院
六芒星幾何能量場

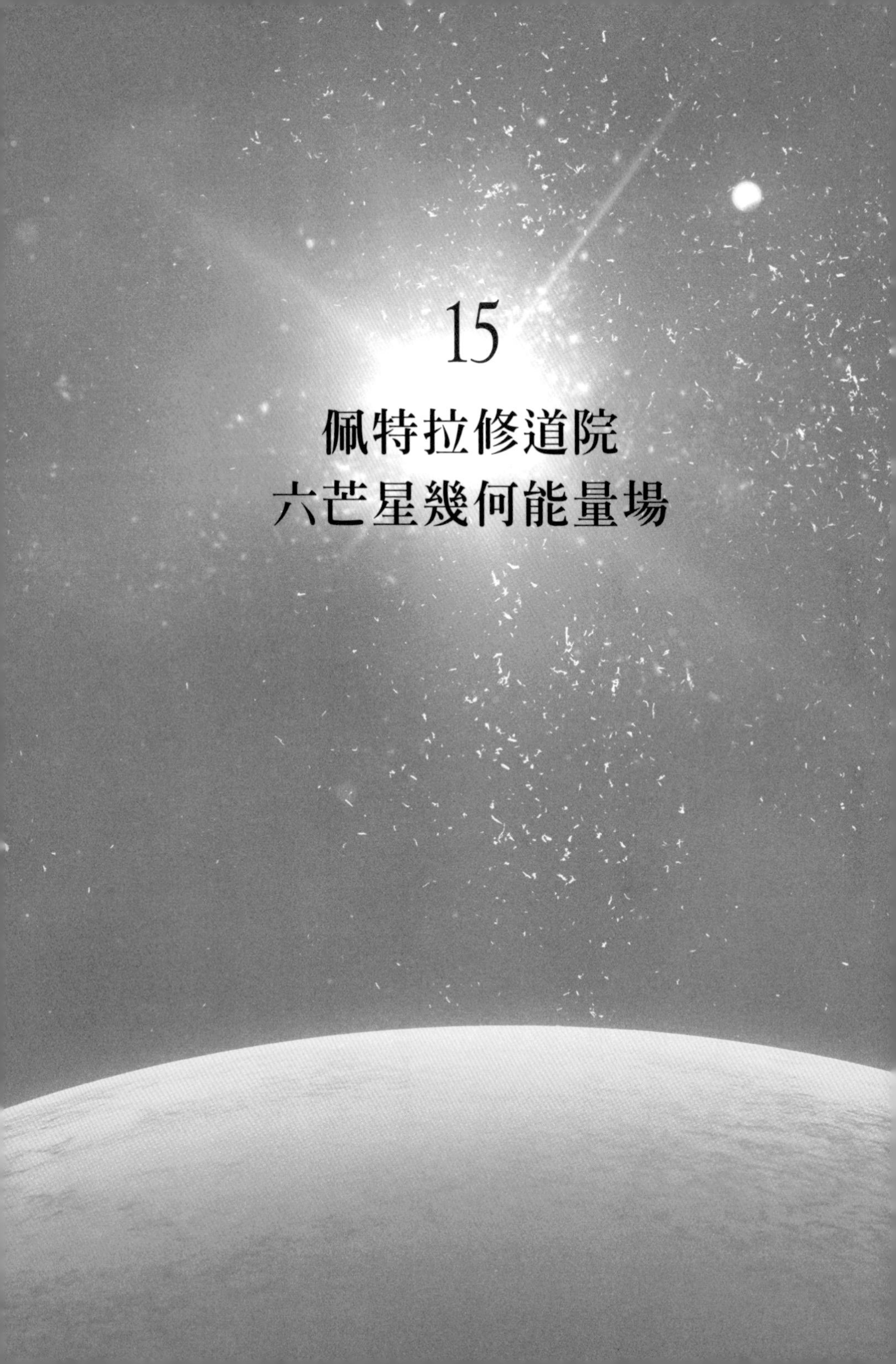

……梅爾卡巴就是指在相同的空間存在兩個反方向旋轉的光場，它能調整人的意識和身心。以往所見的梅爾卡巴場是上下兩個四面體，構成一個立體星四面體，人在其中可以用心念，讓它上下各自順時針或逆時針轉，可是現在看到的梅爾卡巴場並沒有上下分野，反而內裡有另一個梅爾卡巴，在希伯來文Merkaba代表神聖之光的運送。

經過幾天的旅程團的行程，就會發現現代的耶利哥城並沒有什麼看頭。小小的阿拉伯城市，很多紀念品店，圍巾、椰棗、椰棗醬等的小攤位。然而這是世界上最古老的城市之一，《聖經》中描述過約書亞及以色列人抬著約櫃繞城七天，前六天一天繞一次，到第七天則要繞七次。當祭司吹起號角時，以色列百姓就大聲呼喊，這樣耶利哥的城牆便倒塌了，以色列百姓便順利奪取了這座城池。現代神秘學學者說這是因爲他們用約櫃發出震頻，這是一種不爲人知的科技，用音頻能達至城牆倒塌，今天我們還未能做到。

另一個在耶利哥必定要到的地方就是試探山，是耶穌禁食四十晝夜後被魔鬼試探的地方。現在半山上的是希臘東正教試探山修道院（Greek Orthodox Monastery of the Temptation），坐纜車到山上還要走一大段梯級才能到達修道院的門口。沿路有一條小徑，左面是修道士的房間，修道院是圍繞

希臘東正教試探山修道院
（攝影：A.Eisen）

著一個原始的洞穴小教堂而建的，小教堂的標記是耶穌在禁食時冥想的石頭。修道院現在用透明膠片把它攔住，不容許人在上面打坐。莉芙嘉說這是新加建的，以前大家可以坐在石頭旁冥想，還可以把帶來的水晶放在這裡接收這裡的能量。今天很多遊客，修士要人群排隊分批前往小教堂以控制人流。

艾璣和素桑在小教堂坐了幾分鐘就聽到下面的修士在驅趕，他們爲了不要阻擋其他人也就離開了房間。這個地方的沉默包圍著每一幅畫像，人到了這裡就會感受到這片寧靜，雖然這裡每天要接待幾千個遊客，人聲鼎沸，但每一塊磚頭仍然沉默，只要你定下心神保持內在的沉默，就能和這地方得到共振，就像血的流動氣的迴轉。

今天早上導遊苗苗送他們到以色列和約旦的邊境，從以色列經過艾倫比（Allenby）關口前往約旦，過關的時候人不多，只用了一個小時，然後他們坐上約旦的旅遊車，車上有一個導遊和一個中文翻譯沿途講解，後來莉芙嘉和翻譯還發展了一段愛情故事，這是後話。他們到約旦的第一站是佩特拉，這個因電影《法櫃奇兵》而聞名於世的古城是何時建造和誰人建造？大家並沒有一個定案。在西元前一世紀它是納巴泰帝國的首都，當時處於貿易路線上，通過交易乳香、沒藥和香料讓這個地方繁盛起來。佩特拉古城後來被羅馬人併呑，但卻沒有阻止他們延續繁榮，直到西元三百六十三年，大地震摧毀了大部分的建築和城市，佩特拉才開始沒落。地震加上貿易路線改變才是最終讓這個地方被人徹底遺忘的原因。

到了西元七世紀，除了原居的貝都因人，其他人都已經拋棄了這座古城。直到一八一二年，一個瑞士探險家約翰·伯克哈特（Johann Burckhardt）重新發現古城。他喬裝成貝都因人博取了他們的信任，讓他們帶他找到這個失落的古城，以後的故事大家都應該知道了。這個充滿神秘的地方終於一幕一幕地展露於人前。它吸引了全世界的目光，到現在依舊如是。

素桑在車上一直看著書上的簡介，誠然每一個看過《法櫃奇兵》的人或多或少對這個地方有著無限的憧憬。從關口到佩特拉需要大概四個小時車程。他們到達了卡茲尼神殿（Al Khazna），卡茲尼神殿旁有一條路可以坐著驢子繼續往前走。大家到達佩特拉古城的時候已經下午兩點多。素桑心裡面卻有一種按捺不住的力量不停要往前走，面前是由風沙所雕塑出來的石山，帶上一抹粉紅，兩側是奇形怪狀的洞穴，素桑依稀聽到導遊說，這裡有三塊巨大雕刻成方形的神靈石，而另外一個則是納巴泰人在西元一世紀所雕刻的方尖碑（Obelisk Tomb），這是一個埋葬了五個家族成員的墳墓，他一直講，素桑感覺自己的步伐加快，竟無理地奔跑，漠視了沿途的風景。莉芙嘉發現她們離了大隊，氣沖沖地說：「你們不要分開，不要跑！怎麼分成兩隊人了！」

艾璣和素桑減慢了腳步，可是心不在焉並且是十萬火急地繼續前行，她們走進一個狹窄的通道，兩面是淡橘子和粉貝顏色的岩石，日光轉換卻映照出不同的顏色，濃豔的、單薄的，石中的天然條紋彷如一幅巨大的水墨畫。這是山體自然分裂形成長一點二公里的西克峽谷，兩面的山勢越收越窄形成了一線天，通過這瓶頸後又豁然開朗。

卡茲尼神殿就在她們面前，正面看是個很大的神殿入口，入口是山的一部分，是山雕琢出來的，壯麗奇瑰。爲什麼會花那麼大的功夫去建一座神廟？可是在這輝煌建築內是空空如也，它不像印度的神廟，內堂還是林林總總的神像雕塑；也不像中國的廟堂雕樑畫棟。

根據考古學家研究，這個建築物應該是陵墓和地穴，雖然經過兩千年，很多外面的雕塑已經磨掉，但它們被認爲是與來世相關的各種神話人物的雕塑，現在還是可以看到上面有四隻把靈魂帶走的鷹；另一個說法是，這是一個寶庫，在甕內所藏的是過往那些強盜奪回來的財寶；更甚的有說是在摩西時代的法老王用來放置寶藏，可是後來的人把這些甕打爛，可是這些甕是實心的岩石，於是那些寶藏的謠言就不攻自破。傳聞說在這個神殿右面的門下有一個門戶可以通往地心，但這次她們沒有接到指示所以就沒有理會這個入口。素桑跟艾璣使了個眼色，她們已經叫了兩匹驢子在前面路口等，莉芙嘉還在講解的同時，她們知道這個任務不能有太多人前往，所以決定坐驢子往前走，素桑心想只要她們能依時在大門跟大隊集合離開就可以了。

那個驢子主人問：「你們是否要去修道院？」

艾璣說：「是的，要多久？」

驢子主人回答：「大概半小時。」驢子剛開始是慢慢走，但後來突然間發力狂奔，她們死命拉著大叫，一直到主人把驢子叫停的時候她們已嚇得半死。

艾璣突然間說：「這裡曾經有很多個外星文明居住過。我曾經看過報導，根據微量分析結果證實，這裡的岩石有石英晶粒的存在，檢測到高濃度的矽和鋁。鐵也是存在於不同區層，有各種鐵的濃度及其氧化狀態，可能與石山呈不同顏色有關：灰色層的是最低鐵濃度，紅色層的則是最高濃度，最後，黃色層的是中間濃度。」素桑環看周圍的環境，想像各外星族群在這裡居住的景況，太陽照在她們背後，一直和緩關顧著。

艾璣接著說：「石英、鐵都是有助於他們在地球生存的礦物，而這裡的天氣和地貌跟他們的星球有著很相似的特質。約旦裂谷在數百萬年前形成，當時阿拉伯板塊向北移動，然後又向東移離非洲。一百萬年後，地中海和約旦大裂谷之間的土地上升，海水停止了淹沒。」

「可是，我不太明白他們爲什麼會選擇這裡？」素桑問。

艾璣一邊騎著驢子繼續說：「我看到他們剛來地球的時候是在這裡尋找金、銀、水晶和不同的礦物。他們用這些來提煉修補飛船，也有用來醫治身體，他們通過能量轉移，把水晶的能量完全提升到他們身體之所需，他們不需要進食，只需要吸取這些礦物的能量就可以維生。」

「他們爲什麼會選擇佩特拉？這裡並不是地球含金量和礦石最豐富的地方，這裡的沙是含有晶石和鐵，但這樣的地方在地球上有很多。」素桑還是不解。

艾璣好像一直在接收訊息，在查察爲什麼他們要選擇這個地方：「這個地方的氣候很適合他們居住，再者，這個地方除了有礦石，在石頭內還含有很濃縮的天然氣，這是他們的飛船用以補給的燃料。這一帶的地底做了一個很大的傳輸網，我看到那個光線組成的網很龐大，可以連接到很多個宇宙，這些光線網還可以改變地球的天氣，其實地球的氣候只要改變一點點，譬如說溫度只要降低或上升一點點，全球的生態環境就會有骨牌效應，連帶海洋溫度、魚類以至於海藻的的生長繁殖也會有改變，當然也會對耕種植物的生長有很大的影響。」

艾璣把看到的娓娓道來。「對的，那你看到的是很久以前的事？還是跟我們現在所面對的情況有關？」素桑想了一想問艾璣。

「我看是以前的情況……現在地球的問題不是人類自找的嗎？」艾璣不置可否的說。「是自找的，但也可能是其他星人所爲！你想想，如果這個光網眞的能夠改變天氣，那地球不是有救嗎？」素桑突然靈光一閃。

「是的，如果我們能知道如何找到這光網。」艾璣說。兩隻驢子並肩前行，走了一會面前有一座山，她們也不確切知道要去哪裡，驢子反而懂帶路。

「你叫什麼名字？」素桑問驢子的主人。

「我叫阿里。」跟在她旁邊的阿拉伯人邊走邊唱歌。

「我們還有多久才到？」素桑問。

「很快就到了。」阿里回答。

時間有點晚，在這一帶的遊人並不多，阿里領著驢子往山上走，上山的階梯又陡又斜，驢子喜歡往Z形的階梯兩邊上走，一面是懸崖，一面是石山，剛開始的時候險象環生，她們的膝蓋碰到岩石，痛得哇哇大叫，一頭冷汗。阿里說：「不用擔心驢子，牠們懂得找自己走慣的路。你放鬆讓牠帶你走就是了。」這條陡壁階梯是在兩個山的中間開鑿出來的，彎彎曲曲左穿右插，階梯

在佩特拉載我們上山到修道院的驢（攝影：Wai Lam Chan）

岩石的顏色跟旁邊的山是相同的，驢子一直往上爬，可是她們卻看不見盡頭。從剛才卡茲尼神殿到這裡最少也走了半個小時，剛才阿里說很快就能到，可是為什麼素桑覺得要走的路還有很長呢！

走進山裡，太陽進不來有點寒意，兩旁都是彩色層層疊疊的山石，一直走，沒有其他人的蹤跡，山很沉默，偶爾聽到風聲，鳥兒在天空中劃過。她們好幾次感覺到懸崖勒驢才不致被摔下千尺石山，走了四十分鐘，素桑心裡有點著急，可能會趕不及關門的時候回到集合地，可是路程又已走了那麼多。她們終於碰上第一個路人，看他的打扮是遊客無疑，艾璣正打算開口問他，他卻先說：「你們快到了，再走一段就可以看到修道院。」她們聽到都雀躍起來連聲道謝。過了不久驢子就自動停下來，阿里示意她們往前走，她們急忙走上小山丘，在一個很開闊的平地，左面有一家茶寮正對著就是修道院。其實這並不是眞正的修道院，只是因爲地理偏僻而名之。這個應該是一個神廟，後來用作爲教堂。兩層建築有點像之前見到的寶庫，可是規模更大，雖然他沒有寶庫精緻，可是素桑感覺到它的能量更強，而且更集中。

她環顧了一下四周，走到建築物的正前方。素桑和艾璣把手放開成一個抱圓的手勢，然後右手不斷地在畫圓圈，把地下強大的能量釋放出來，一條強大的光柱從地下沖上來直上雲霄，她知道要爬到修道院的頂部，於是從左面看看能不能找到路，怎知前面是死胡同。

連著修道院的是一個滑不溜丟的筆直大石，沒有任何工具，艾璣打量了一下說：「我有點畏高，徒手是攀不上去的。」素桑心裡盤算著對自己而言也甚具難度。太陽開始下山，她們必須要在太陽最後的餘暉離開修道院的圓頂之前完成。突然傳來兩個小孩的聲音，他們攀到頂部在叫嚷，素桑請他們指示該如何攀爬上去，他們下來示範了一次，原來只需要徒手攀上半塊大石，這塊大石的後面是有隱蔽的階梯可以連接到修道院的頂部的。她們按照小孩的方法慢慢爬上去，然後站在圓頂旁把剛才的能量繼續接引上去，從地下到天上一個龐大的能量得到重新的開啓，跟宇宙和多重宇宙連接。這個曾經是十分強勁的能量中心，可能因爲星族漸漸離去而荒廢，今天這個能量重啓了！

她們看到艾璣剛才說的光網，跟它連接上可以學習調教地球的天氣，只是還沒有接到明確指示何時能使用它。在能量的中心有一個梅爾卡巴場（Merkaba）出現，這是指在人體內外由一個形如六芒星的神聖幾何學構成的晶體能量場。梅爾卡巴就是指在相同的空間存在兩個反方向旋轉的光場，它能調整人的意識和身心。以往所見的梅爾卡巴場是上下兩個四面體，構成一個立體星四面體，人在其中可以用心念，讓它上下各自順時針或逆時針轉，可是現在看到的梅爾卡巴場並沒有上下分野，反而內裡有另一個梅爾卡巴，在希伯來文 merkaba 代表神聖之光的運送。這個梅爾卡巴場自轉的速度跟光一樣，她們站在梅爾卡巴場的強光之內，然後梅爾卡巴場開始轉。剛開始還覺得有轉速，後來一下子所有都停頓了。她們像是懸浮在半空，素桑看到艾璣的身體像透明似的，心想自己也可能是一樣的。

聲音說：「這個梅爾卡巴場可以把你們帶到宇宙任何一個點。它比光速還要快，今天你們和它連上了，以後你們也可以使用它。連結你們的就是念，你們不須要指揮它轉動與否，它會因應所需而自行調配。你們要知道這是一個工具，就像汽車、飛船一樣，只是這一個更快，可能到達宇宙任何一個角落，所以你們的念頭要更純淨。」

素桑不知道在那裡停留了多久，只知她們有意識的時候發現自己是躺在圓

16

瓦地倫——星族人中轉站

……我所知道的是，今天在重整能量的時候，已經把耶路撒冷作為世界中心這一點移除。伯利恆之所以重要是因為它是心中之心。

瓦地倫是如此孤單、寂靜卻又壯闊豪邁的地方，每一個到過的人也會驚嘆它的神秘奇詭、攝人心神的美。

素桑第一次到這個地方，心裡有種熟悉和驚嘆，它以最原始的面貌呈現生命……走在沙上，溫柔細滑，太陽猛烈地在身上游走，吉普車上乾風撲臉，三輛吉普車揚起一陣灰塵的車隊在這個沙漠中間猶如三隻蠍子在移動。沙漠一站一站地去看，沙是紅色的，每當日落時分，斜陽映照時，山谷變成了酒紅色，這裡人稱紅月山谷。瓦地倫是千面女神，不同的時段看都有不同顏色的臉：神光初現、火紅艷日、夕照殘陽、月白如銀……你的心有多少重念，你就能見到多少場景。

整個瓦地倫佔地七百二十平方公尺，差不多是一個紐約市的面積，一天是走不完的，她們騎上駱駝在沙漠中徐徐而行，駱駝跟驢子不同，比較穩和舒服，在駱駝上走了大概四十分鐘後到達一個茶寮，他們爲遊客送上當地的草茶，也有一些貝都因人在售賣色彩斑爛的袋子、披肩、小掛飾。當素桑問導遊茶寮之後會去哪裡？導遊竟說這是瓦地倫最後一個地方！素桑驚呼了一聲。素桑心想這樣不行，她們需要做的事情還沒有完成呢！

「這茶寮處在窪谷內，兩面都是石山，我們要走多久才能走出窪谷到達平坦的沙漠？」素桑問。

「如果你們走得快大概十到十五分鐘會到。」導遊回答。素桑向艾璣使了個眼色，跟導遊說：「我跟艾璣會先走，你們喝完茶慢慢過去那邊接我們好嗎？」

素桑其實不是問，只是知會，她和艾璣就沿著窪谷飛快往前。素桑感到自己的腿像上了馬達，艾璣則一直在素桑後面緊緊跟著。跑了不知多久終於看到了出口，右邊幾乎是一望無際的沙漠，一股力量把素桑猛力向前推，她們跑上前面的石山，又在山頂的石頭停下來，那裡剛好有一塊平台，勉強夠兩個人站著。素桑一到位就覺得雙手在不停地舞動，然後這裡的星門便打開了，很多一直住在地球的星球種族紛紛離開，他們形像怪異，有些長有象鼻，有些頭有羚角，有些甚至透明，有些跟人很像，他們都在列陣準備離開。素桑替他們打開星門然後護送他們。她看到一個很大的梅爾卡巴包圍著，有圓形、扁型、盒子型的太空船，還有些奇型怪狀的飛船，當它們一觸碰星門便只剩下光點消失了，星門仍然是打開的讓另外一組飛船接近。

聲音說：「這些是新來的星人。」

素桑心裡面有一點戒備：「你們有來地球的通行證嗎？」他們向素桑出示了一個證件，是銀河聯盟發出的。

來的太空船比剛才走的更多，一隊隊的排列整齊降落，素桑扮演了航空塔台工作人員的角色，指點它們在哪裡停下。不同種族星人從太空船下來，有幾批帶有頭盔，穿著制服的隊伍，她把他分發到地球不同角落，有一些去了南極，有一些去了墨西哥，有一些去了太平洋的海底，都是比較偏遠的地方，東西方的大城市沒有在名單上，可能那些地方已經有很多星人在定居，而有一部分還沒有收到派發地點則先到中轉營等待。素桑心中一大堆疑團，只是知道自己確實擔任了一些職務。

「很歡迎大家來到地球，這個藍星球雖然不大卻是充滿生命力和豐富資源的。你們當中有許多是第一次來的，我們準備了一些課程讓你們可以更容易適應和融入地球的生活。希望你們能幫助地球人覺醒，明白他們跟宇宙的關係。大聯盟希望能透過外星族群幫助地球人進一步明白自己的處境，雖然各國政府並未對各星球跟地球接觸一事全然開放，也不願意公開承認有外星人的事實，但通過更多的星人來地球居住，可以提升地球人的能量層，也可以加強地球本身的能量線，讓地球釋放更高的能量，能改善地球的生物。以下是你們在此居住所要遵守的規則：

「一、你們必須是帶有來地球參觀或居住的證件，這是銀河聯盟的規定。

「二、你們在沒有得到允許的情況下，不可自由跟地球人接觸。

「三、你們不可以用任何高科技或通過心靈傳遞的方法來干擾地球人的日常運作。假若違反協議，將被驅逐出境。」她看到自己對星人致辭，歡迎他們來到地球，也重申在地球居住的規則，一切對她來說也是那麼新鮮。

致詞完畢，星人就按著所屬區域報到。當一切完成素桑就把星門關閉，她依稀看到地球外所停泊的巨型飛船以及在月球背面的太空基地。

正當素桑想細看的時候，莉芙嘉、導遊和團友的車剛好開過來並按喇叭，素桑和艾璣回到旅遊巴士上已累得連抬頭的力氣都沒有，躺在椅子上半死，這時汐卡傳訊息來，寫著：「你們今天要送很多人走，還要開一些新的渦流，做的時候要說 aki aki wah 三次。」

素桑回汐卡：「沒來得及看你的訊息，早上已把星人送走了。」

素桑和艾璣倆在車上一路從瓦地倫睡到安曼的酒店，全程四小時。到了亞曼還去了一趟市中心，團友們在嘗試當地的甜點甜奶酪，莉芙嘉買了很多鍍銀的飾物，團友都歡天喜地購物，羅馬玻璃首飾、死海護膚品、各種明信片、草茶，香薰油……艾璣和素桑對購物並沒有什麼興趣，晚上回到酒店累得倒頭便睡。

翌日，也是她們留在約旦最後一天，先到傑拉什（Jerash），然後回到以色列繼續北部行程。傑拉什距離首都安曼四十八公里，海拔高度約六百公尺，典型的羅馬式建築，包括羅馬柱、殿堂、街道，傑拉什被認爲是義大利以外世界上規模最大、保存最完整的羅馬建築遺址之一。這個鎮大部分地區在西元七百四十九年發生的地震中被摧毀。這裡橢圓形的公眾露天會堂、宙斯神殿和阿提蜜絲神殿（Artemis Temple）確實充滿希臘羅馬時代的空間感。

在車上素桑收到汐卡所發的訊息及一張能量圖。汐卡說：「你們今天要做一個很大的整合，可能還包括多個宇宙連接，傑拉什的能量已經準備好，應該不會太難。」

素桑問汐卡：「我們這次都不是來旅行，每天不停工作，但不停地開關星門、接送星人，對我們去建立多瑪學院和找宇宙之書和鑰匙有何關係？」

汐卡說：「能把地球連接到不同宇宙，直接提高地球的能量，把地球人的意識提高，這樣可以幫助我們成立多瑪學院，也同時讓我們有實際接觸星人的經驗。至於宇宙之書和鑰匙，我就覺得一直是得到指引的。」

素桑和艾璣在阿提蜜絲神殿做了一次整合，規模也沒有特別大。可能連日來不停的在做各種接送、整合、星門開關、渦流，看過不同的星族，接觸過他們，約旦旅程最後的一次整合看到從這裡開始以地球爲中心，不斷地與其他的宇宙聯繫，當素桑看到星圖的時候，每個連接了的地方就會亮起來，整個星圖是密密麻麻的亮點。這些連接的能量跟地球整合，讓地球能吸收並重新調整。

每一次調整，地球的生物在能量和意識上也能提升，這樣就更能讓每個生物接觸到宇宙的源頭能量。

她們現在反而覺得這倒像是一份工作，但從始至終當需要執行某一項工作的時候，就會有一股灼熱焦躁的感覺在燃燒，這種感覺會引領她們甚至追趕她們直到完成。但有時世界上發生很嚴重的事情，如山火、海嘯、超強颱風，如果沒有接到指令就算她們想幫忙也不會有半點感覺、半分力量。這可能就是要完全降服於這種力量，因爲這不是來自她們身上的力量，她們只是一種導體讓力量穿過而已，亦引證了之前她們所討論的，如果要很純淨地使用這些能力就不能涉及金錢，因爲（一）她們只是導體，沒有話事權；（二）如果爲了金錢而做那是加上了個人意願，事情就有執念；（三）很多前人也因爲有了能力而被這個金錢和權利所困，多了我執而罔顧了能量的指引，最後就往往陷入另一個不能自拔的境地。

素桑和艾璣完成後，邊走邊討論這幾天下來的感覺，然後旅遊車把一行人直接送往關口，約旦過境以色列的關員檢查向來仔細，這與從伊斯蘭國家回來有關，防止有人偷運危險品。

素桑先回耶路撒冷的家，她覺得工作假期比上班累多了，舟車勞頓面對各種不同的星際狀況是耗費心力的，但如果這些確實能對現實世界有貢獻，還是很有趣的，只是她們要隨傳隨到並完全信服自己的感覺，完成所需要做的事情。回家還不到兩天，安息日的早上素桑就收到汐卡所發的訊息：「我突然見到自己在打薩滿鼓，鼓上面有代表龍的花紋，打鼓就代表呼喚所有的龍族。我看見自己騎在龍背上。」

「艾璣今天去了拿撒勒，你要不要過去幫忙？」素桑對汐卡說。

「不，地球姐姐似在清洗，重新調整能量，把能量網點、門戶和渦流重新配置。」汐卡說。

「噢！這樣就有很多工作要做了……」素桑回答。

「原來今天是11／11，現在快十一點。11／11／11……」汐卡說。

「我發了一幅世界地圖給你，看看如何重新設置能量網、門戶和渦流。我們要連接宇宙中曾經來過

瓦地倫（攝影：Wai Lam Chan）

地球的星系，這樣就可以將他們以前埋藏下來的東西拿出來或讓它們出現。」素桑說。

汐卡喃喃了一段光語，大意是由地球緯線開始，由上而下，由左至右，有內至外，三百六十度順時針開始：「有點頭暈，指示說五點會完成，因爲全世界有很多人一起在做，能量也已經準備好。」

素桑開始進入能量圈，她先把地球跟宇宙中一些有相關的星球

重新連接，然後讓渦流和雷線轉移，有很多新的點是在海裡、南極和非洲，葉門和一些中東國家也有，是多重宇宙連接。前兩天她們在約旦佩特拉修道院所完成的點，發出了很強的光。剛來地球的外星種族也在幫忙。

「我需要一個薩滿鼓，用來做激活以傳遞及放大訊息，鼓能讓一切更接地氣。」汐卡告訴素桑。

「明天艾璣會到伯利恆，我想偷懶不去了，我覺得艾璣能夠完成明天的整合。」素桑心裡奇怪明天的整合爲什麼要在伯利恆？

「我所知道的是今天在重整能量的時候，已經把耶路撒冷作爲世界中心這一點移除。伯利恆之所以重要是因爲它是心中之心。」汐卡解釋。

「好！我今天會休息，明天繼續，看看有什麼新的指示。」，當素桑看到那些虛擬的光線、密密麻麻的光點，宇宙不同星球的聯繫，她很清楚自己並非單獨，他們是一個整體。

第二天，艾璣去完伯利恆寫道：「接到訊息，這次的旅程是她的升級試並已經順利通過，亦已開啓了新的層次，將會有更多機會到不同的地方實地考察，也將要連接地球一個超大型的梅爾卡巴。」訊息裡也有提及她的私人問題，總之答案是不用擔心，一切也會有最好的安排。

8
8

17

耶路撒冷在揚升

……如果耶路撒冷的門戶已經關閉，真的揚升了，同時地球上的能量線、渦流、雷線、能量節點已重新調配過。一直以來都說第三次世界大戰是宗教之爭，這當然也是權力與資源之爭，那麼耶路撒冷的能量應該有所改變，倘若它不再是地球的中心，那麼它便不會有機會牽動第三次世界大戰。

這是素桑多個月來感到最平靜舒坦的一個上午，打坐的時候她不由自主的出神去檢查艾璣之前所說，已經關閉了的門戶和星門，其中包括圓頂清眞寺。素桑看到耶路撒冷，圓頂清眞寺的上空一直有一個很大的洞口，並且有飛碟離開，而能量一直往上升。她檢查過那些門戶，有一些是關閉的，並且素桑加了封印，在她不解的時候，聲音告訴她說：「這是揚升（Ascension），耶路撒冷整個城市都在揚升，之後會關閉，但關閉後的能量仍然會運行一、二百年，普通人是不會察覺的。」

「啊！所以之前移除耶路撒冷爲世界中心是爲準備要揚升！但對我個人而言，揚升了跟平日有什麼分別？」素桑問。

「表面上沒有，但實質就有不同。當你需要進出蟲洞、門戶、維度、多重宇宙，會比較容易接觸源頭能量，可以直接和不經工具理性地思考，而且毫不猶豫。」聲音說。

素桑聽罷體內仍在轉化，這種感覺持續了好一段時間。她整天都覺得古古怪怪，聲音告訴她，平常做的瑜伽、氣功等運動可停下來，因爲有些境地達到了就不需要做。耶路撒冷有沒有揚升呢？素桑不曉得，但幾天後美國總統宣布把領事館搬往耶路撒冷，這代表他們承認以色列的首都爲耶路撒冷，這一舉動令全世界譁然，當然以色列人是很高興的。剛開始的時候很多巴勒斯坦人在以色列不同地方示威遊行，在伯利恆有暴亂發生，巴勒斯坦認爲東耶路撒冷是他們的首都。在加薩地帶和西岸有比較大規模的暴動，發射了一些小型砲彈，一下子全世界的焦點又落在耶路撒冷。

素桑想，如果耶路撒冷的門戶已經關閉，眞的揚升了，同時地球上的能量線、渦流、雷線、能量節點已重新調配過。一直以來都說第三次世界大戰是宗教之爭，這當然也是權力與資源之爭，那麼耶路撒冷的能量應該有所改變，倘若它不再是地球的中心，那麼它便不會有機會牽動第三次世界大戰。

在美國發布這個消息之初，以色列是嚴陣以待的，星期五是回教徒在耶路撒冷舊城清眞寺聚合、祈禱的時間，也是最容易生事的時候，以色列政府派很多警察和軍人加以防範，同時也在舊城外採取封路的措施，讓回教徒不能聚

耶路撒冷舊城金頂旁（攝影：Chandi Devi）

合。當天沒有傷亡報告也沒有很混亂的情況，之後在巴勒斯坦的一些地區還有反對集會及零零散散的示威，過了不到兩個月，整件事情已經沉寂下來，基本上沒有人再提起。聯合國和很多西方國家一直不贊成美國這個決定，但最後一切歸於平淡，這一個結果是大家始料未及的。

那麼這是否是揚升了的意義，這個地方既存於世界上一切沒變，但所有事情也都改變了。該怎麼說呢？或許用另一個方法解釋，一個同學本來是三年級的，但學習能力強通過考試成功跳了兩級，他回頭看還在三年級掙扎的同學，覺得他們面對的其實沒有很困難，他自己已經跳出了這個緊箍咒，不再受這個圈的捆綁。看來這就是耶路撒冷的情形。

汐卡傳來一段語音訊息：「在這個旅程會有很多幻象，但我們必須用心來淨化，多璀璨的表相我們也需要歸於平靜的心，這樣才可尋找出眞諦和眞實的能量，宇宙眞實的能量，也不會墮入能量的陰暗面。讓能量可以落實在你的身體，排除一切疑問和幻象，安心領受宇宙所有的能量。不要發問只需領受，因爲只有這樣，你才能夠眞正看到宇宙的大版圖、宇宙的光球，而不是一些投射，這才可以進入宇宙的清明、靜默、領受、namaste（向你我內心的神聖鞠躬）。」

這幾個月來發生太多事，大部分是常人無法解釋的，素桑不敢肯定當中這些事情是否曾經發生過，表面上也沒有看到世界或宇宙因爲這些事情而有所改變，然而對於這個世界或宇宙，世人所知道的實在太少！素桑想，她可以說是一個靈性追尋者，這是與生俱來的，但可能源於她是星人，因爲要回歸到屬於自己的地方，回歸到本源。

你我他是誰？這是千百年來在千千萬萬的尋道者心裡纏繞過的問題，或許我們應該問，我是什麼？什麼是我？更為貼切。她並不是ＵＦＯ擁戴者，也從來沒有想過生命中堅信不移的現象和理念，竟然或多或少跟外星族類有關。假如說一切都是幻象，那麼地球人跟外星人的幻象，在基礎上並沒有分別，因為一切都在六感之中，當明白人們並非這六感，其實地球人跟外星人是沒有分別的，只是不同星系罷了。

記得這個旅程之初，她們要重建多瑪學院，讓地球人可以學習宇宙最高的知識，找到宇宙之書和開啓它的鑰匙。她們既不知道在哪裡找，也不知道要如何找？但當她們完全放下個人執念，讓內在接受一個無從解析的指引，她們便被帶領到一個全新的境地，成為全新的自己。這個旅程並不是一個尋找的旅程，相反是顯現的旅程，一步一步地把宇宙知識使用的方法顯現出來，相信這就是多瑪學院的知識。在素桑心裡，覺得最可貴的是幾個星際姊妹並不囿於自己的識見，彼此接納對方的說法和感覺，互相討論，自我審查，卻也不盲從。地球上有很多個小多瑪學院，每個人都在學不同的部分，有一天這個學院會整合起來，讓地球人可以學習更多關於宇宙的知識，認識本源。

沉默是每個人手握的鑰匙，只有通過沉默才可以面對自己，用一個沉默的心去看造物者、神、星際族群，了解自己的歷史、宇宙的歷史，一切起始之前是沉默，終結之後也必歸沉默。

後記

一個星期前艾璣問汐卡：「那個回教廟堂在星期天有一年一度的開放日，可有興趣看看？」大概在開放日的三天前，汐卡才給洛娃發了個訊息：「我是否要去打開一些門和連接隧道？」

洛娃在群組裡回答：「其實你是要幫助他們連接自己的力量源頭。那星際族群叫 wakasabi-waa-ka-saa-bee，在連接地球之前一直是沉默地居於宇宙遙遠的星球。他們充滿愛並擁有強大的知識和豐富的資源，甚至可以直接或間接地掌控和改變宇宙。但前提是，必須有一個純淨正確的念頭來幫助宇宙中所有的生命。這個族群一直把自己隱藏，爲免被宇宙的黑暗力量追蹤。」

洛娃繼續說：「所有宗派的起始都有一個接火種的人，此人的心識是正是邪十分重要，心正則能得正法，心邪念或不堅定就會容易失去正念。只要加強正念，不只是這個世界的戰爭，甚至整個宇宙戰爭的機會也可減至最低。」

「有那麼偉大嗎？」汐卡半信半疑。

「可能可以的！」洛娃說。

洛娃繼續寫道：「艾璣可以幫你的，她曾經是他們的先知，只是她自己也不知道。這個外星族群並不活躍，在宇宙內也很難找到他們的蹤影，這幾千年就好像一下子失蹤了。他們唯一有傳心的就是蘇菲（Sufi）一派，是穆斯林最傳心、最正念的一派，但他們經歷許多世代，有些心法也是遺失了。」

艾璣補充：「你們記得上次在耶路撒冷舊城的一家古董店，我買那個刻有阿拉伯文的牌子，其實當時就已經接收到訊息，只是我沒有說出來，約二萬年前，wakasabi這個星際族群來過地球，希望能幫助當時的地球人，但經過多方觀察和研究，覺得地球人還沒有準備好，所以準備離開地球，我當時是他們其中一個先知，求它們留下聯繫的方法，所謂宇宙的秘密就是聯繫的方法。在一千二百年前，宇宙的黑暗力量也已經追蹤來到地球，當時我爲了避免讓黑暗力量找到這些聯繫方法來毀滅地球，便把宇宙秘密分成十二份去收藏，把它們帶到西藏、馬丘比丘、印度和耶路撒冷，直到人類需要的時候才拿出來。我同時刻意把自己的部分記憶刪去，但時刻要跟麥加連結，因爲它們的神石（Haji）就是那個星球的信物。」

「那麼你們星期天好好努力，世界和平靠你們了！」素桑跟他們說。

「你們是怎麼樣的一個星際族群？」素桑問艾璣。

「我們是一個很大的族群，有很多附屬星球，每個小星球也有不同使命，例如：有一些負責訓練先知、武士，有一些是屬士、農、工、商的階級。別的星球跟地球一樣，有著不同的工作以保證星球能運行。星球的界別越高，越明白知道該如何保護他們的星球，他們的靈性層面也比較高，遵守自然規律，不是我們世界的人爲法律。」艾璣說。

「這個 Wakasabi 就是你的原星族？」素桑推測。

「應該是吧！但由於這個星際族群很大，我家鄉只是這個族群的其中一個星球叫 Ama Sa Nia。我的家鄉是一個非常開放，也十分相信宇宙大同的星球，所以對不同星際族群的本質也有深刻了解，大家各自爲政相安無事。」艾璣回答。

「那你們當時爲什麼會來地球？」素桑繼續問。

「爲了宣揚宇宙大同。其實對我來說，對於我的根竟然是和穆斯林有關連，這點我也很詫異。我的一生接觸過天主教、佛教，但並不熟悉穆斯林。經歷那麼多年地球上的變遷，如果我們能再一次把這個原本的代碼重新註入，我相信對整個地球甚至宇宙也會有幫助的。」艾璣說。

過了幾天，艾璣和汐卡在群組裡寫道：「我們去了那個清眞寺開放日，把該做的都做了，希望這一切一切在我們有生之年能看到效果。我們只知道當時能量很強，都有一種頭暈目眩的感覺，完成後休息了很久才恢復。」

洛娃的水晶店因爲整座大廈易手需要全面裝修，所以她把水晶店暫時結業，先去閉關幾個月再作打算，但香港可能從此就少了一個能量足以跟外星種族接軌的地方。

眾生系列　JP0188

我們都是星族人 0

作　　者／王謹菱
責任編輯／劉昱伶
業　　務／顏宏紋

總 編 輯／張嘉芳
出　　版／橡樹林文化
城邦文化事業股份有限公司
104 台北市民生東路二段 141 號 5 樓
電話：(02)2500-7696　傳眞：(02)2500-1951
發　　行／英屬蓋曼群島商家庭傳媒股份有限公司城邦分公司
104 台北市中山區民生東路二段 141 號 2 樓
客服服務專線：(02)25007718；25001991
24 小時傳眞專線：(02)25001990；25001991
服務時間：週一至週五上午 09:30 ～ 12:00；下午 13:30 ～ 17:00
劃撥帳號：19863813　戶名：書虫股份有限公司
讀者服務信箱：service@readingclub.com.tw
香港發行所／城邦（香港）出版集團有限公司
香港灣仔駱克道 193 號東超商業中心 1 樓
電話：(852)25086231　傳眞：(852)25789337
Email: hkcite@biznetvigator.com
馬新發行所／城邦（馬新）出版集團【Cité (M) Sdn.Bhd. (458372 U)】
41, Jalan Radin Anum, Bandar Baru Sri Petaling,
57000 Kuala Lumpur, Malaysia.
電話：(603) 90578822　傳眞：(603) 90576622
Email：cite@cite.com.my

封面繪製／ Ziv Eisen
星語圖繪製／ Fanny Yip
內文排版／歐陽碧智
封面設計／兩棵酸梅
印　　刷／韋懋實業有限公司

初版一刷／ 2022 年 1 月
ISBN ／ 978-626-95219-8-2
定價／ 350 元

城邦讀書花園
www.cite.com.tw

國家圖書館出版品預行編目（CIP）資料

我們都是星族人 0 ／王謹菱著 . -- 初版 . -- 臺北市：
橡樹林文化，城邦文化事業股份有限公司出版：
英屬蓋曼群島商家庭傳媒股份有限公司城邦分公
司發行，2022.01
面；　公分 . --（衆生；JP0188）
ISBN 978-626-95219-8-2（平裝）

1. 靈修

192.1　　110022513

廣　告　回　函
北區郵政管理局登記證
北 台 字 第 10158 號

郵資已付　免貼郵票

104 台北市中山區民生東路二段 141 號 5 樓

城邦文化事業股份有限公司
橡樹林出版事業部　收

請沿虛線剪下對折裝訂寄回，謝謝！

|橡|樹|林|

書名：我們都是星族人 0　書號：JP0188

橡樹林文化

讀者回函卡

感謝您對橡樹林出版社之支持，請將您的建議提供給我們參考與改進；請別忘了給我們一些鼓勵，我們會更加努力，出版好書與您結緣。

姓名：＿＿＿＿＿＿＿＿　□女　□男　　生日：西元＿＿＿＿＿＿年

Email：＿＿＿＿＿＿＿＿＿＿＿＿＿＿＿＿＿＿＿＿

● 您從何處知道此書？

□書店　□書訊　□書評　□報紙　□廣播　□網路　□廣告 DM

□親友介紹　□橡樹林電子報　□其他＿＿＿＿＿＿

● 您以何種方式購買本書？

□誠品書店　□誠品網路書店　□金石堂書店　□金石堂網路書店

□博客來網路書店　□其他＿＿＿＿＿＿

● 您希望我們未來出版哪一種主題的書？（可複選）

□佛法生活應用　□教理　□實修法門介紹　□大師開示　□大師傳記

□佛教圖解百科　□其他＿＿＿＿＿＿

● 您對本書的建議：

＿＿＿＿＿＿＿＿＿＿＿＿＿＿＿＿＿＿＿＿

＿＿＿＿＿＿＿＿＿＿＿＿＿＿＿＿＿＿＿＿

＿＿＿＿＿＿＿＿＿＿＿＿＿＿＿＿＿＿＿＿

我已經完全了解左述內容，並同意本人資料依上述範圍內使用。

＿＿＿＿＿＿＿＿＿＿（簽名）

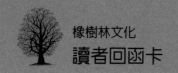